声迴響转

讲稿八篇

葛兆光 著

四川人民出版社

图书在版编目（CIP）数据

声回响转：讲稿八篇 ／ 葛兆光著． —— 成都：四川
人民出版社，2023.2（2023.5重印）
ISBN 978－7－220－13107－3

Ⅰ．①声… Ⅱ．①葛… Ⅲ．①社会科学－文集 Ⅳ.
①C53

中国版本图书馆CIP数据核字(2023)第014022号

SHENGHUI XIANGZHUAN：JIANGGAO BAPIAN

声回响转：讲稿八篇

葛兆光/著

责任编辑	封 龙 冯 珺
责任印制	周 奇
出版发行	四川人民出版社（成都市三色路238号）
网　　址	http://www.scpph.com
E-mail	scrmcbs@sina.com
新浪微博	@四川人民出版社
微信公众号	四川人民出版社
发行部业务电话	（028）86361653　86361656
防盗版举报电话	（028）86361661
印　　刷	北京汇林印务有限公司
成品尺寸	130mm×200mm
印　　张	8.25
字　　数	141千
版　　次	2023年2月第1版
印　　次	2023年5月第2次
书　　号	ISBN 978-7-220-13107-3
定　　价	68.00元

自　序

我一直觉得这些演讲稿，好像没有出版的必要。为什么？因为第一，略有意义的讲稿，大多数，要么已经写成论文发表，要么原本就是先写了论文才演讲的，与其看讲稿，还不如去看论文；第二，有的公众讲座，为顾及普及和趣味，不免有人云亦云之处，算不上自己的心得。可是，尚红科先生认为这些演讲还是有出版价值的，所以，这里选了八篇，合成一集，取个名字叫《声回响转》。

说来有点儿好笑，"声回响转"四字，取自敦煌变文《韩擒虎话本》。"声回响转"后面，原本还有"垛成招箭"四字，可想来想去，多少有点儿不吉利。好像这本书的出版，并不是像草船借箭那样，可以掌得胜鼓而回，反而会变成靶子，万箭穿身惹来很多麻烦，所以只截取了前半。用这四字，我心里想的是，当演讲声音传出，也许能略有回音。

真心希望有回音。"清风万壑听其言，风回响答君听取"，这是苏轼《介亭饯杨杰次公》（《苏轼诗集》卷三十二）诗中的两句。这大概算演讲者期待的极致了。可我的这些演讲，讲的时候真能有清风和万壑的静听吗？讲完之后会不会有风回响答，或者声回响转的反馈呢？我不知道。不过，我可以保证的是，每次演讲我都会全力以赴，用所谓"狮子搏兔"的方式撰写大纲，提示要点，甚至加上花絮。从20世纪80年代初我开始进入学界，如今已经超过四十年，四十年里作为一个教师，毕竟讲课和讲座是我的日常事业。

讲课的讲义，除了三联书店出版的《思想史研究课堂讲录》之外，还有六种，即将由商务印书馆出版"讲义系列"；而讲演的文稿，这次选了半天，好不容易才凑成这一册。我重新翻看和编辑这些文稿的时候，有一点小小的感慨。说实话，我已经记不得四十年中作过多少次讲座，比较重要的，像韩国学术会的"杰出学者讲座系列"、日本记者俱乐部的中国学者讲座、台湾"中研院"的"傅斯年讲座"、香港中文大学的"丘镇英学术讲座""饶宗颐访问学人讲座"、美国普林斯顿大学"全球学人公开讲演"等，还略有记忆，大多数讲座都不大记得了。但可以自慰的是，不管重要的还是不重要的，我都会花很多时间准备，所以，讲稿还算完整清晰，毕竟我不是能出口成章或者倚马立就的人。

近些年来，很多学者都注意到，学术从传统到现代的转型中，论述形式变了，发表途径变了。在文字著述之外，还有声音演说。现代学术史上不少重要话题或论著，一开始都来自演讲：像梁启超和胡适关于"孔老先后"的论争，就和1922年梁启超在北大的一次演讲有关；像鲁迅脍炙人口的文章《魏晋风度及文章与药及酒之关系》，也是来自他在1927年广州的一场演讲；而周易源自数字卦这一断案，也是张政烺在一次会议上的即席讲话奠定了基础；我还记得，李学勤著名的"走出疑古时代"的说法，原来就是20世纪90年代初在我们十几个朋友的座谈中"说"出来的。

所以，现代的演讲很重要，在讲的人那里，有时候会临场"说"出"烟士披里纯"（inspiration）火花，在听的人那里，有时候会郢书燕说，引出意外启迪。四十年来，我看得最多的是胡适演讲集，他用中英文作的各种演讲，内容涉及面固然极广，但对我个人而言，觉得对做学问最有启发的，因此也常常让研究生阅读的，是他晚年在台湾大学的三次演讲。他在第一讲里讨论"大胆地假设，小心地求证"；第二讲里讲方法的自觉，以及做学问勤、谨、和、缓的态度；第三讲里讨论"扩充新材料"的重要性。这真是给后辈做学问的"度人金针"。

收在这部小集中的八篇讲稿，内容有点儿庞杂，如果勉强划分的话：第一部分是一篇，讲从中国出发的全球史的设想；第二部分是三篇，谈关于中国、文化与学术的一些宏观看法；第三部分的两篇，是对于儒家学说和禅宗历史的具体介绍；而最后第四部分的两篇，则是借用图像来观察历史的试验。正如前面所先行抱歉的，这些面对公众的演讲，常常不免会人云亦云，流于老生常谈，不过我还是希望，读者像九方皋相马，"取其神骏，略其玄黄"，不计较我演说的那些内容，而是在这些讲稿中，察觉一些可资参考的问题意识和思考方向。

是为序。

2022年1月于上海

目 录

第一篇

设想一种全球史的叙述方式

这是2021年11月在泉州由看理想文化传播公司与阿拉善SEE学院联合组织的一次活动上的讲座，感谢《看理想》的编辑根据录音整理，这次我做了再次整理。

各位朋友：

大家好。

今天，我报告的主题是"从中国出发的全球史：设想一种全球史的叙述方式"。

为什么只是"设想"一种全球史的叙述方式呢？主要是因为这样几个原因：第一，现在我们中国还没有一部相对完整的、自己写的全球史；第二，在全世界各种各样的全球史里，还没有一部是从中国出发，或者说以中国人的眼光来看的全球史；第三，到现在为止，我们还在摸索中，还有很多遗憾，还有很多问题，所以这只是"设想"。

引言：从三星堆说起

首先，我想从最近大家特别关注的三星堆考古发掘开始讲起。大家都知道，今年的3月，中央电视台对三星堆发掘作现场直播。中央电视台以其辐射力和影响力报道一个遗址发掘，用那么大的力量，背后一定有它的背景和目的。这我们不去管它。

青铜立人像　四川广汉三星堆博物馆藏

青铜纵目面具　四川广汉三星堆博物馆藏

黄金面具　四川广汉三星堆博物馆藏

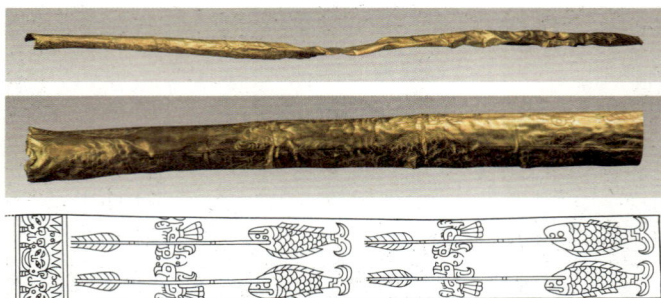

黄金权杖、局部及纹饰线描图　四川广汉三星堆博物馆藏

　　但可能大家都关注到，在三星堆遗址考古发掘里，过去出土的像青铜立人像、青铜纵目面具，还有现在大家都非常好奇的黄金面具、黄金权杖，跟过去中原核心区域的殷商、西周遗迹出土的物品，风格很不一样，或者说，确实有非常多的意外，包括这个祭祀坑里出土的象牙之类，我们也确实觉得蛮有意思的。

　　让我先简单介绍一下三星堆。大家可能不很清楚的是，实际上三星堆发掘最早也是有外国人参加的。1934年，有一个叫葛维汉（David Crockett Graham）的洋人，那时候在华西，跟中国人林名均合作，就已经发现了一些他们觉得很震撼的东西。后来到了1958年又继续发掘，这里的发掘并不是现在才开始的。当然，真正命名为三星堆，并且特别重视起来，是1980—1981年。到了1986年，第一号、第二号祭祀坑出土了很奇怪的青铜器，这才轰动起来。

问题是，三星堆文化该怎么定义？它到底是蜀文化，还是中原文化的分支，还是外来文化影响下的区域文化？这就是一个非常大的争论。可能大家都知道，四川这个地方，文化和历史是很奇怪的，因为我过去在贵州生活过，所以一直对所谓西南夷的区域很好奇，四川大部分当然不算是西南夷，但它和西南夷是紧挨着的。古时候有相对独立性，蚕丛鱼凫蜀道难，文化也和中原不太一样。于是，三星堆的发现就给我们提出问题了，就是说，是不是这块儿的文化，可能跟中原联系不那么密切，反而跟域外有些地方互动较多？大家可能都听说过，《史记》里记载张骞出使西域，发现那边居然有四川的筇竹杖，还有蜀布。张骞就向汉武帝提出，说可能从四川到印度另外有一条通路。所以，汉武帝曾派了四个使团通过云南，寻找去印度的道路。当然这四个使团没完成任务，在今天的昆明附近被半道打劫，最后无功而返。但这恰恰就说明，西汉时候，甚至更早，四川这个地方跟云南，甚至缅甸、印度可能有通道，这通道会不会导致那时候的四川文化跟中原不太一样呢？

大家如果去过眉山，可能会知道彭山崖墓有中国最早的佛教石像之一，考古学家说比中原保留下来的还要早，那为什么在四川那么早出现佛像呢？它是不是并非从西边，而是从南边传过来的呢？所以，学界也有西南丝绸之路的说法。据说西南丝绸之路是通过两条道：一条从成都出发，经临邛道、始阳道往云南，经哀牢到南方；一条从宜宾出发，经过僰道到朱提，再往大理、永昌。大家都知道，从四川到云南，乃至缅甸、印度，这条路跟中国其他地方都不太一样，它的山脉像横断山是南北向的；怒江、澜沧江、金沙江这三条江也是南北向的，跟中国其他地方山川的东西向都不一样。因此，沿着后来所谓茶马古道，还有再后来史迪威公路这样的路，可能都是南北向通向外面的。所以，有人推测说，四川这个地方很早很早就跟西面、南面是有关系的。还有一个事情可以一提，大家可能没读过季羡林先生写的《蔗糖史》，《蔗糖史》里讲到一个非常重要的事情，就是中国蔗糖生产的一个最重要关节。据传说，在中唐时期有一个来四川的外来和尚叫邹和尚，是他把高明的制糖技术带到中国，而制糖技术恰恰是印度最厉害的。因此，从对外联系上看，西南包括四川，总是有一些跟中原不一样的地方。

我之所以要讲这么多三星堆，其实是想说，当人们面对三星堆遗址的时候，中国无论是学界、政界，还是媒体，其实心里都有两种判断前提。大家都知道费孝通先生讲"多元一体"，但究竟主要是多元，还是一体？有一种判断前提，是关注重心在"一体"。也就是说，中华民族源远流长，不仅独立发展，还有很多分支，巴蜀就是一个分支，这是一种。但还有一种，关注重心在"多元"，强调多元是说，这个族群的文化是从各方来的，是由各种不同的文化不断交融、交错、融汇变成的。这两种说法看起来都讲"多元一体"，但重心不一样。1990年费孝通发明这个概念，很了不起，他把矛盾冲突的内涵纳入了同一概念。但问题是这毕竟只是理论，中国历史学界始终是有两面的，有一面强调中国的民族与文化的独立性、包容性和笼罩性，用后来的"中华民族"回溯历史。另外一面强调什么呢？就是强调中国文化的多元性、外来性和融汇性，而把中华民族、中华文明看成是一个历史过程。那么，三星堆发掘给全球史或者说给历史学界一个最大的冲击或启迪是什么呢？就是要考虑后面说的这个历史过程中，古代世界到底有多少我们所不知道的联系？我们是不是对古人的联系和移动，估计得太低了？

很明显，三星堆引起的争论或议论里，无论内行还是外行，很多人心底里最关心的是，三星堆这些奇奇怪怪的东西是从哪儿来的？是不是跟西亚有关系？是不是和南亚有关系？你看那个权杖原来从来没有过，它跟西亚、北非的权杖有没有关系？你看这个面具好像不是我们传统华夏的东西，它是不是受外来影响的呢？所以，三星堆的发掘，不管结论是什么，一个最大的意义就是启迪我们，可能全球早期联系不像我们原先想象得那么低，全球各地之间也许有很多很多的联系，这是我要强调的一点。

这就和全球史有关系了。

一、全球早就彼此联系，只是历史缺乏记载

由此可知，其实，全球早就彼此有联系，只是历史缺乏记载。

大家都知道，"历史"有两个意思：第一个意思就是曾经发生过的事儿，第二个意思就是曾被记录下来的事儿。如果没被记录下来，难道就没有历史吗？实际上是有的。

顺便说一下，昨天和朋友聊天，他说最近这二三十年，国际学界，或者说国际考古学界很热门的一个焦点是什么呢？就是土耳其一个叫作恰塔胡由克（Çatalhöyük）的遗址，也叫作"加泰土丘"。这个遗址有多早呢？我们想都想不到，是离现在9200年到8400年，还在我们传说的五帝时代之前呢。我们感慨它的精美程度、它的发达程度，好像比我们过去想的都要发达。9000年前的东西，怎么会有这么精美，会有这么发达？比如有一个雕像，一位女性的两只手按着两个猎豹。我们中国也有这种所谓的女神像，红山文化怀孕的女神像，但那个太粗糙了，而加泰土丘的这个雕像很精美，简直让我们想不到9000年前，这里文化有那么发达。这个朋友说，加泰土丘的发掘，也给现在历史学界带来一个冲击，是不是中亚、东亚、北非甚至欧洲很多文化，都跟西亚、土耳其、两河流域的所谓新月地带有很大关系？

加泰土丘女性雕像
安那托利亚文明博物馆藏

红山文化孕妇塑像
辽宁省博物馆藏

因为没有证据，我不敢乱说。但我们现在看到一些零零星星的资料都证明，古代中国跟外面的联系实在是不少。历史学者们经过研究说，小麦是从西亚传过来的，青铜冶炼也是沿着北方草原传过来的，还有其他的东西。我们举个例子吧，在西安出土的一个西周墓里，有一件放在车上带有螺旋形动物图像的青铜制品，居然跟公元前1000年伊朗卢里斯坦高原出土的马头上的青铜饰品几乎一样。在山西，天马-曲村的晋侯墓里出土的玛瑙玉石珠串，跟草原上游牧民族早期墓葬里发现的珠串风格也是非常像的。所以，如果你把这些零零星星的证据汇集起来，也许可以注意到一点，我们现在可能低估了那个时代人的移动范围和那个时代的技术与知识传播的能力。

古代中国人有一个习惯，总觉得我们是华夏子孙，是黄帝后裔，这个族群是从很早很早就形成了，你是帝喾的子孙，他是颛顼的子孙，就连那些"蛮夷"，也被算成是蚩尤的子孙，我们不是炎帝后裔就是黄帝子孙，反正都是从一处来的。这是司马迁的作用，他在大一统的西汉写《史记》，就把中国各个地方、各个文化的人，都写成同气连枝的一个大家族。《史记》构成了早期华夏族的统一叙事。可事实上没有那么简单，文化的流动、民族的交融、地区的交通，可能早期是很厉害的。

日本历史学的传统，就和中国不太一样。我2020年在东京大学待了八个月，跟日本学者经常聊天。日本历史学者有一个认识，就是绳文时代的日本人是东南亚人，弥生时代的日本人是东北亚人。最早的日本人是东南亚来的，那么这就有了一个问题，隔着茫茫大海，这些东南亚人怎么都跑到日本来，成了日本人的祖先呢？这个我们不去管他。事实上，我们看到稍晚的日本史料里，确实记载了公元六七世纪来自舍卫国、吐火罗、东南亚的人。日本的考古学家、人类学家和历史学家还说，早期的绳文人跟东南亚人有共同的特征，皮肤黑、双眼皮、个子比较矮、湿耳屎。但弥生人是从东北亚通过朝鲜过去的，跟中国有很大关系。这些人个子比较高、皮肤比较白、单眼皮、干耳屎。这两种人在不断的混杂中，形成了现在的日本人。也有日本学者认为，东南亚人和东北亚人交融，形成后来的大和人，是在公元前3世纪，相当于中国的战国末期。那么，我们是不是低估了那个时候人类的航海能力，他们居然能从那么远的地方渡海来日本，最后在这个地方定居？更有影响的一个说法是，日本学术界曾经提出，在公元五六世纪的时候，日本人还经历过一场大变化，实际上后来的日本人，在很大程度上也是这场大变化的结果。是什么变化呢？就是日本人很大一部分来源是骑马民族，日本有一本非常有名的书叫《骑马民族国家》，作者是日本著名学者江上波夫（1906—2002）。他在公元5世纪左右的日本陶器上，看到了和草原国家陶器一模一样的印纹。因此江上波夫认为，在公元六七世纪日本古代国家形成之前，日本经过了一次骑马民族的洗礼。因此呢，日本人是东南亚人、东北亚人加上骑马民族叠合形成的。

大家可以想想，在日本人的形成史上就可以看到，实际上人类的移动能力相当强，早期人类是有很多互相联系的。

我们再举一个晚一点儿的例子，波斯人扎马鲁丁的地球仪。这个地球仪记录在《元史·天文志》里，叫"苦来亦阿儿子"，大概是阿拉伯或者波斯的语言。扎马鲁丁的地球仪，比现代能看到的所有地球仪都早，而且文献记载得非常清楚，说以木头做成圆球，然后画上三分陆地七分水，而且有小方井，也就是经纬线。大家想，波斯人扎马鲁丁在北京制作这个地球仪的时候，南宋都还没有灭亡，即1260年前后。那么这个时候难道说西边那么先进的世界知识就传来了吗？我们现在看到最早的地球仪，比这个晚两百年，藏在纽伦堡，是德国的一个制图员做的。这个地球仪东半球有陆地，不过西半球还是一片海水。所以我就在想，这个叫扎马鲁丁的波斯人，他从哪儿来的这些知识？他的知识是不是从阿拉伯传来的呢？阿拉伯那个时候就已经有地球这个观念了吗？他们就已经知道地球上是七分大海三分陆地了吗？如果是这样，那我们对那个时代世界知识的传播，是不是估计得少了点呢？

让我最后再举一个较晚的例子，来说明全球联系的广泛性。荷兰人格劳秀斯（Hugo Grotius）写了《海洋自由论》（*Mare Liberum*），大家都知道，这对后来的海洋法有非常大的影响，这是全球史上的大事。早些时候，西班牙和葡萄牙在教皇主持下，把世界分成了两边儿，他们一国管一边儿。可是崛起的荷兰人不干了，凭什么就西班牙人和葡萄牙人瓜分海洋，我也来了。荷兰人格劳秀斯就写了《海洋自由论》，意思就是说，海洋对所有的商贸开放。可是大家要知道，格劳秀斯写《海洋自由论》，事情缘起在哪里呢？事情发生在东部亚洲的南海上。当时的葡萄牙人跟中国做生意，在一艘叫"圣卡塔琳娜号"（*Santa Catarina*）的船上装了很多东西。这艘船从中国开到马六甲，被荷兰人抢走了。荷兰人把这艘船押到阿姆斯特丹拍卖，因为海洋是自由的，荷兰人抢来了就是他的。结果这个时候，葡萄牙人和西班牙人就不干了，要跟荷兰人打官司。格劳秀斯就为了这件事儿写了《海洋自由论》。大家可以看到，对欧洲至关重要的《海洋自由论》，当然后来还有《威斯特伐利亚和约》，都跟格劳秀斯有些关连，而格劳秀斯之所以有这样的想法，一个来源是发生在东方的这件事情。

所以，我们谈论全球史的目的，就是要说明，人类很久以前就是互相有联系的，全球化时代之前，就曾经共享一个世界，是同一个地球上的人。我一直在强调，历史学本来有两个目标，可是我们现在只重视一个目标。我们过去讲历史最主要的是什么？叙述民族国家的历史，建立民族国家的认同，用我们通俗的话来说，就是培养爱国主义。可是，我们也许忽略了历史学也有另外一个理想，就是告诉你，人类是互相联系的，人类共享一个地球，你应该有世界公民的意识，这就是全球史的意义。

因此，虽然我们讲"从中国出发"，但是我们特别要多强调这种历史上的全球联系。

二、全球史与世界史有别：超越帝国、国家和族群

现代历史学形成的时候，最开始都是书写自己民族和国家的历史，那怎么样描述自己国家之外的历史呢？我们现在就来讲一讲，全球史为什么和世界史不同，为什么全球史才是超越帝国、国家和族群的历史？

以国家或者王朝为中心书写历史，这个传统很早，但是，全面写世界历史这个传统很晚。在传统的中国历史学里，主要是以中国为中心的历史，周边的历史是放在附属地位的。所以，我有一个说法，就是从《史记》以来，中国历史学就开创了一个"以中央王朝为中心，以周边四裔为附庸"的传统。你看司马迁写《史记》，主要写的就是传统华夏帝国自古以来的历史，他也写匈

奴、大宛、朝鲜、越南、西南夷，但这个周边世界都很小，着墨也不多。在中国的历史书里，尤其是正史里，这是一个传统，对中央王朝以外的历史描述，都不是那么充分，而且往往是陈陈相因的。但是到了晚清，西洋的坚船利炮来了，中国被迫卷入世界，这个时候就开始变化了。那么，给中国带来世界史传统的是什么人呢？首先是西洋传教士，比如说早期的郭实腊（又译郭士立，Karl Friedrich August Gützlaff），在1829年就写了《东西史记和合》（1833年汇编为《东西洋考每月统记传》），1838年出版了《古今万国纲鉴》。后来，马礼逊（Robert Morrison）也写了《外国史略》。特别是1897年广学会出版了日本冈本监辅编著的《万国史记》，这就把西方近代的世界史带到中国来了。近代西方的世界史传统是什么？大家知道，西方的世界史也是近代以来形成的一个传统，以欧洲近代国家为中心，把各个国家的历史合成万国史。这个传统给中国带来的影响很大，后来中国的世界史也都是这么写的、这么教的。比如说，世界通史，就是在一个时代里把英国、法国、美国、俄国等，一个地区、一个国家叙述过来。晚清以来，对世界的新认识，经由林则徐、徐继畬、魏源传到中国来了，像林则徐编译的《四洲志》，徐继畬编纂的《瀛寰志略》和魏源撰写的《海国图志》。到了晚清学制改革，中国的大学、中学里教世界史，大概就接受了欧洲（也包括后来的日本）这样一个形式，慢慢形成了我们后来的世界史传统。这样的历史写法，在一些学者的描述里，叫作满天星斗，就是你看到一个辽阔的天空，天空里有一颗一颗的星，合起来就是一个宇宙。但问题是20世纪80年代以后，全球史越来越兴盛，有人把历史比成一桌台球，一个球打出来，满桌的球都在滚动，历史上彼此影响、互相撞击。如果说，过去的世界史是满天星斗，现在的全球史则是台球撞击，所以在全球史里，互动、影响、联系、碰撞，就成了历史的主要面向。进入全球史研究的时代，历史的主要诉求就开始变化了：第一，它不再是以以国家为单位的政治史为中心，而是以彼此影响的文明史为中心；第二，它不再是以直线的进化和发展为重心，而是以互相的影响和交融为重心；第三，它不再强调各个国家的认同，而强调世界公民的意义。这是历史学的一个很大变化。

因此，包括我们这个"从中国出发的全球史"，实际上更重要的是强调物质、商品贸易的往来，知识和文化的交流，人民包括海陆移民的互相影响，战争怎样造成人口和族群的移动，宗教怎样传播，包括传教、朝圣和信仰的互相交错，自然包括疾病、气候和灾难，如何影响了人类的历史。我们特别强调的，就是全球互相的联系，重心就在于讲联系、交通、融汇。也许有人会问，这跟过去我们的中外交通史有什么不一样？大家要知道，中外交通史主要讲互相之间的往来。我们现在的全球史，重点讲的是什么？不仅是讲往来，也讲往来之后的结果。这是我们跟过去中外交通史不太一样的地方。大家看，历史上很多我们过去习以为常的事儿，看上去自古以来就是如此，实际上你仔细追溯，有可能会发现它们来自遥远的地方。

我常常用苜蓿这个例子。上海人爱吃的草头，过去就是马草，这个草头是什么？最早就是喂马的苜蓿嘛。大家知道古代打仗，马是最重要的，陈寅恪讲它等于现代的坦克。汉武帝和匈奴打仗，为了追求好马，派使者和军队去西域，其中像李广利得到了天马。这西域的天马是好，可是它也要吃草，苜蓿就跟着天马传到了中国，就变成了中国的牧草。我年轻的时候当过知青，就种过这种开红花的苜蓿，到了春天，就把它翻在泥土下拿水泡烂了来当肥料。可上海人要吃这个东西，吃这个马草，而且把它变成了上海的名菜之一，就是拿酒来炒一炒这个草头。你如果回头想，会发现原来就连这个草头里，也有全球的流动和交换的历史。所以，我一直建议人们去看两本书：一本是劳费尔（Berthold Laufer）写的《中国－伊朗编：中国对古代伊朗文明史的贡献，着重于栽培植物及产品之历史》（*Sino-Iranica: Chinese Contributions to the History of Civilization in Ancient Iran, with Special Reference to the History of Cultivated Plants and Products*），这本书讲了古代中国和伊朗，尤其是在植物上有什么交流，哪些植物是从伊朗传到中国来的，比如说黄瓜，当然还有大家都熟悉的葡萄，这都是从西域传来的。还有一本《撒马尔罕的金桃：唐代舶来品研究》(*The Golden Peaches of Samarkand: A Study of T'ang Exotics*)，作者的汉文名字叫薛爱华(Edward Hetzel Schafer，旧译爱德华·谢弗)，他就写在唐代有多少的人员、药物、商品等在波斯、中亚、西域到中国之间流通。中亚的粟特人，就是现在乌兹别克斯坦这一带的商人非常厉害，他们沟通了亚洲大陆的两端，甚至一直把欧洲跟亚洲连起来，这是他们做的事情。

可是，世界史是以国别相加的世界史，全球史是描述全球联系的全球史，这两种不同的写法，不同的世界史的叙述方式能不能互相沟通？我想，实际上是可以的，我们一直在探索这个写法。我认识的德国历史学家于尔根·奥斯特哈默(Jürgen Osterhammel)，他在我们复旦文史论坛讲演的时候就强调，要有容纳国别的全球史，既要讲各国之间的联系，也要讲他们之间的不联系，不联系也是一种联系。尤其是在政治领域，因为政治型塑国家，国家强调秩序，秩序依赖制度，而制度就管理往来。因此，国家也是全球史里的一个重要单位，你不能不承认国家在沟通或者阻隔人类往来之间的重要作用。我也同意这个容纳国别的全球史，是我们追求的一个方向，我们在"从中国出发的全球史"里也在不断地探索这个叙述形式。

话说回来，全球史的意义，最重要的还是以"文明史观"来取代"政治史观"，换句话说，第一要改变"欧洲中心"的立场，第二要取代"国家本位"的形式，第三要取代以"政治史"为主的写法。

首先，以文明为历史叙述的主轴，是从汤因比（Arnold J. Toynbee）、斯宾格勒（Oswald Spengler）和亨廷顿（Samuel P. Huntington）以来，逐渐深入人心的。我们要承认，这是西方人自我反省的结果。全球史在很大程度上，把不同文明当作同样重要的东西来描写，重点是反思原来的欧洲中心主义，反思过去单线发展的历史观。我记得前些年我到美国去访问，跟很多美国学者谈过他们为什么那么强调全球史观，其实他们强调全球史观，主要是说全球是连成一体的，不是以欧洲为中心的，这是他们了不起的地方。为什么要打破"国家本位"的叙述形式？因为我们现在很多国家的历史，都是从现在倒过去追溯出来的，事实上，国家真的自古以来就是一个本质性的存在吗？它真的是一个历史书写的必然单位吗？其实不一定。比如说法国，我有一年在巴黎参加一个会议，法国学者讲到一个事情，就说法国在1900年的时候，还有20%的人不会说法语。那么，这个国家是靠什么成为天经地义的国家存在，而且居然还有一个统一的国家历史呢？又比如说比利时，比利时是由讲德语、讲法语和讲弗拉芒语的三个族群合成的一个国家，那么，这个国家是天经地义的历史单位吗？你写比利时史，就等于是拿现在的比利时，倒推过去的不同族群，还得把他们写成统一的历史，对不对？以国家为单位的历史观，实际上写起来是有麻烦的。一旦讲到国家，就觉得国家好像是本质的，从来没有去想过，国家也是历史过程中建构出来的。因此，如果我们提倡全球史观，我们就可以避开这些麻烦的问题。

其次，就是我们刚才讲的，以"联系""互动""建构"，打破"自古以来"的、"单线"的、"进化"的"文明/族群/国家"的"文明纯粹论"，我们不能把文明、族群和国家本质化，即区隔为互不通融的历史上互相没关系的若干块。台湾学者王明珂，就强调现代中国的很多民族都不是本质的，都不是自古以来就有的，是他们互相由于认同而不断建构起来的。他讲到四川西部的羌族地区，这个地区的人，很多认同来自"一截骂一截"，什么叫"一截骂一截"呢？山底下住的是汉人，山坡上的人是谁呢？按照汉人的看法，他们就是羌人，但这些羌人不承认，说更上面的那些才是羌人，可是上面那些人又不承认自己是羌人，说更上面的那些人才是羌人。所以，很多族群是像滚雪球一样滚出来的。原来可能有个核心小雪球，但越滚越大就变成大雪球，实际上它是在不断的历史过程中建构出来的。所以，全球史观的好处就是强调联系、交融和变化，它不把这些当作本质性的东西。

再次，接下来我们要以"交融/互渗"逐渐形成新"共识"、新"认同"、新"世界"的历史观，代替过去仅仅以某个区域"物质、技术、思想和文化"进步为主的历史观。换句话说，就是历史不再以传统的古代、中古、近代、现代来划分，也不用原始、奴隶、封建等社会形态来划分。大家都知道，20世纪以来，历史学一个最重要的理论就是进化论。进化论化身万千，变成各种各样的历史观。但这些历史观都有一个背后意思，就是谁更进步、谁更文明、谁更强大，那么谁就是历史的主线，就以谁为标准来裁判历史。这样就把历史切割掉了，就不再是一个互相联系、彼此交融的历史。

全球历史需要有一个大的视野，可是，国别史以及国别相加的世界史呢，往往把历史切割开了，让我们看不清全景。我举个例子，从中国的北宋到元初，如果你只看中国史，那就是北宋、南宋、元初，对不对？可大家知道，同时世界上也发生了很多事情，比如说十字军东征。十字军东征是1096年开始的，相当于中国的北宋时期，因为对基督教帝国来说，有一个庞大的伊斯兰帝国在那儿，所以有战争呀。可是到了后来，相当于中国南宋时期，这个帝国又跟崛起的蒙古有了关系，崛起的蒙古打到欧洲去了，基督教的教皇曾经想跟蒙古大军达成妥协，也许是试图让蒙古大军帮他来跟伊斯兰帝国进行角逐。可是，说到蒙古大军，同时又回头涉及中国历史。

所以，如果你仅仅看国别史，或者说区域史，你看不到整体，对不对？再比如说，我特别强调的是1405年。如果我们只讲中国史的话，我们就不会注意1405年，帖木儿在这一年去世，对于明代中国的意义是，如果他不死，他就要东征了。可是，也正是在这一年，郑和下西洋了，明朝面向东边了。你把这些事儿连起来看的话，历史可能会有一些很不一样的东西，可是，你如果分隔开来，是不是历史就看不清楚了？

所以，全球史确实有它的好处。

三、20世纪90年代以来，中国的全球史研究

下面我要讲的是，现在中国的全球史研究怎么样了？

2018年11月，我在德国哥廷根大学访问，抽空去弗莱堡，跟刚才我们提到的那位历史学家奥斯特哈默见面，他有一个19世纪史三部曲（《世界的演变：19世纪史》[*Die Verwandlung der Welt: Eine Geschichte des 19. Jahrhunderts*]），大家可以找来看，是非常精彩的书。据说，当时德国总理默克尔住院的时候，看的就是奥斯特哈默的书。奥斯特哈默跟我谈全球史的时候，他突然从家里拿出了三本书，我现在还记得两本，一本是陈旭麓先生的书，一本是范文澜先生的书。他拿来给我看，他说，我觉得你们这两本书都很好，可是这些内容怎样能够融入全球史，成为全球史里

的一部分？我觉得很惭愧，因为奥斯特哈默虽然也研究中国和世界的关系，但是他毕竟不是纯粹做中国史的。可是呢，他给我看这两本书的时候，我就觉得很不好意思，因为好像我们对他们的历史还没有那么关注，他们反而对我们有很多关注，而且他还提示了一个很重要的问题，就是中国历史如何融进全球史里去。

我并不是说中国学者不关注全球史。其实20世纪90年代以来，全球史的理论就已经在中国非常流行了，也有很多人介绍，比如2005年，《学术研究》杂志就发表过一组笔谈文章，总题叫作《全球史观对中国史学的影响》；2013年，《历史研究》还发表了一组关于全球史的笔谈；2014年，也有人写论文特别强烈地呼吁，要在国家之外发现历史，也就是提倡全球史的研究；2015年，山东大学召开了国际历史科学大会，大会有一个分主题，就是讨论全球史里的中国。但我的问题是，为什么我们都在讨论理论，讨论全球史应该怎么研究，可是就没有去尝试写一部中国的全球史呢？

大家可能知道，在中国学界最有影响的世界史就是两套，一是我们大学时代的老师周一良先生和吴于廑先生，他们两人在"文化大革命"以前编的《世界通史》四卷本，这是很了不起、很重要的中国人写的世界史。在"文化大革命"以后，吴于廑先生又跟齐世荣先生合编了《世界通史》六卷本，也是属于非常权威的世界通史。特别是齐世荣先生当过首都师范大学校长，同样世界史专业的刘新成先生又接任首都师范大学校长，所以首师大一直在提倡全球史。可我的问题是，讲了那么多的全球史，怎么中国学者自己不写一本呢？为什么雷声大雨点小，说的多做的少呢？好像我们现在还有这个问题。老是停留在谈理论，但全球史还没写出来。可是，事实上对于国外的世界史或全球史，我们已经介绍得够多的了，比如说，开创全球史研究的几部著作，像威廉·麦克尼尔（William H. McNeill）的《世界史》，像贾雷德·戴蒙德（Jared Mason Diamond）的《枪炮、病菌与钢铁》。此外，个案的有，像玛乔丽·谢弗（Marjorie Shaffer）的《胡椒的全球史》，连胡椒都写了全球史，棉花的全球史也写出来了，白瓷的全球史也写出来了，可惜都是外国人写的。但至今没有一部从中国出发，从中国角度、中国眼光、中国位置出发的全球史，这就是我们的问题，也是我在2018年开始策划"从中国出发的全球史"音频节目的动机。

但是坦率地说，从中国出发的全球史的写作和叙述，确实也面临着困难。

简单地说，第一个困难就是由于我们的世界史和中国史分家，造成历史学者的视野、知识和训练都不足。我前面讲到，现在真是"术业有专攻"，我们做中国史的人，世界史的知识水准大概相当于大学本科，可是做世界史的人呢？说老实话，他们的中国史知识大概也只相当于大学本科生。很少有人能够像我们刚才讲的奥斯特哈默那样，把很多知识融在一起。当年周一良先生为什么能主编世界通史？周一良先生，应该也算我的老师，我的第一篇学术论文就是周一良先生推荐给北大学报，使得我作为本科生能在"文化大革命"后第一个在北大学报发表论文。可是大家要知道，周一良先生可以做世界史，以做中国史的学者身份来做世界史，是因为他从小学日文，后来学英文，在清华大学时毕业论文写日本史，在哈佛大学读博士时还学了梵文，研究唐代密宗，在二战中还教美军日语；此外，他做中古中国史，又是中国最好的中古史专家，要这样的人才能做世界史。可是，现在我们中国的大学里，中国史和世界史分得很开，还把中国史和世界史分成两个一级学科，这样训练的历史知识就更加专门而狭窄。世界史做得很好的，他们的中国史怎么样呢？中国史做得很好的，对世界史又知道多少呢？我曾经在课堂上问过我们的博士生，让他们把环南海各个国家名字顺时针闭着眼睛一个一个数出来，基本没有一个数得周全的，所以问题很大。我有一年跟何芳川先生一起在香港城市大学上课，何先生是做世界史的，他原来当过北大副校长。我们两个人一起在那儿上课，他听我的课，我听他的课，听完了都叹气。我说我做中国史的，听你的这个课，真觉得自己世界史知识够差的。他说一样，我做世界史的，听这个中国史的课，也觉得我中国史的水平太差了。可何先生是中国史大家何兹全先生的公子，他都觉得自己中国史知识不够，那么别人就更不要说了。所以，我们很难写全球史，因为世界史跟中国史分家了，两边儿的视野、知识、训练都不足。

第二个困难，因为我们也受"中国中心论"历史观的影响，所以我们的世界史是很薄弱的。我不知道大家对中国的历史学界有多少了解，中国历史学界里中国史占了绝对主流，中国史强大得不得了。而且做中国史的人有些瞧不上世界史，总觉得中国史才是原创，做世界史的人就是编译，就是拿别人的二手材料来编。但实际上，世界史真的是一门大学问。我们做中国史的人不了解世界史，说实在话，中国史也做不好。

第三个困难是，过去有非常固执的历史叙事束缚，挣脱不掉。我们过去有一整套的历史叙述方法，它很强大，但是非常不适合讲联系的全球史。无论是以欧洲为中心的，以文艺复兴、宗教改革、工业革命为主轴的近代历史观，还是反帝、反殖、反封建的革命历史观，还是亚非拉第三世界团结起来的历史观，其实都不理想。坦率说，一直到现在我看世界史，还在看威尔斯（Herbert George Wells）的《世界史纲》（*A Short History of the World*），可是威尔斯的《世界史纲》已经出版九十多年，世界已经变得很厉害，学术界也变得很厉害，这个世界史向全球史的转化，已经成了大趋势。

近十年来世界史、全球史和外国史出版都很热，大家如果有注意的话，就知道这些年确实出了很多书。那么，为什么外国的世界史和全球史的著作那么热？大家有没有注意到，其实，这些受关注的书，有几点是很有聚焦性的。比如大家关心的就是，文明如何变成野蛮？民主如何变成专制？所以，二战时期的日本史，就是大正到昭和的日本史，以及纳粹时期的德国史翻译的特别多。还有，大家也都关注到世界并不只有中国，各个地方都有文明，那么文明会不会冲突，这都是我们关心的问题，所以讲异域文明的书也很好卖。大家有没有注意，近些年，我们评的十大好书也好，二十大好书也好，很多都是翻译的，中国原创的这一类好书很少。

因此，中国的问题就是，翻译的世界历史书那么多、那么热，可是中国人自己的著作呢？

四、不是立场和份额，只是角度和位置：为什么要从中国出发？

所以我想，现在的事情，就是中国学者能不能自己也做一个好的全球史？

从中国出发的全球史，怎么写？这里又出现了一个问题，因为当你强调"从中国出发"的时候，经常会被误认为你是站在中国立场上，搞国家主义或民族主义，好像要在全球史里给中国争份额。确实，中国学界也往往有争份额的想法。我记得有一年，中国学者批判《新编剑桥世界近代史》，理由就是中国部分太少了，跟中国泱泱大国的地位不相称。可事实上，我们现在讲"从中国出发"，只是要从中国的眼睛去看世界，而不是在世界上给中国争份额，或者说按照中国立场来描述历史。

我这里特意给大家看一幅郎世宁（Giuseppe Castiglione）画的乾隆皇帝像。大家看，这完全是西洋油画，是从一个西洋人的眼睛里看乾隆皇帝。于是这样一来，这个乾隆皇帝已经没有天朝大皇帝的样子，完全是一个普通人，这就是从西方人眼睛里看到的中国。现在，我们用中国的眼睛来看世界，我们要强调的是，从中国出发，绝不意味着站在中国民族主义或者国家主义的立场去讨论全球史。

我想有三点值得注意。

第一，全球太大，历史太长，没有任何一个历史学家可以做到全知全能，像上帝一样360度无死角地去看历史。所以历史学者要承认，我们只能从一个视角去看。我觉得，有时候历史学家有一种傲慢，觉得我描述的历史就是全部历史，这是不对的。其实，每一个历史学家都有局限性，每一个国家的历史学家也有局限性。这些年，我跟国外学者经常谈全球史研究，比如美国学者杰里米·阿德尔曼（Jeremy Adelman）、欧洲学者奥斯特哈默、日本学者羽田正，特别是羽田正，他是刚刚卸任的东京大学常务副校长。我一讲"从中国出发的全球史"，他马上会敏感地追问，你是不是要用中国民族和国家的立场来重新叙述全球史？我说不是的，你一定要理解历史学者不可能全知全能，只能从一个视角看，我承认，我们对世界其他地方知识太少，比如说讲非洲很少，讲澳大利亚很少，讲南美也很少，所以我们强调从中国出发，实际上是一个保持谦卑的态度。

《乾隆皇帝像》 清代 郎世宁绘

第二，我们从中国的位置和视角来看全球史。我们一定要承认，我们的这个视角是可以和从日本出发的视角、从欧洲出发的视角、从美国出发的视角、从澳洲出发的视角互相补充的，我们可以共同构成全景历史。我十几年前从北京来到上海，提倡一个研究方向，叫作"从周边看中国"。为什么要从周边看中国呢？过去传统中国，站在自我中心的立场上想象自己的历史，没有对比，没有比较，总是通过自我想象来认识自己。到了近代以后，好不容易有了欧洲那一面镜子，然后从欧洲那面镜子来看自己。但是这还不够，如果从周边看，中国也许能从各个不同角度的镜子来看自己。从周边看中国，目的是要释放一种理解中国的方法。可是，我提出这个来，就遭到一些日本、韩国学者的反对，说凭什么我们是周边，而你是中心？我苦口婆心地跟他们解释说，其实，我们可以从周边看日本，可以从周边看韩国。比如说，韩国学者白永瑞，就主张双重周边视角，意思是我是你的周边，你是我的周边。我说我不反对，从周边看中国，也从周边看韩国，这不矛盾。所以，从中国出发看全球史，我们很谦虚地说，我们只是从这个角度看，我们看到的历史，难免带有中国理解的和认识的偏差。比如说，中国人说"东"，是朝鲜，是日本，是茫茫大海，更远的是太平洋对岸；我们看到的"西"，是中亚、西亚、两河流域、欧洲，甚至美洲。可是，欧洲人看到的"东"，有近东、中东、远东，我们就在欧洲的远东，对不对？大家要理解，只有当从各个不同角度出发的全球史合在一起，才能够构成一个被全球共同接受的全球史。这个绝不是我们有中国中心的立场，如果我们有中国中心的国家主义立场，那就会像一个美国教授评论马丁·雅克（Martin Jacques）的书时说的，当中国统治世界，全球史里就要写是郑和发现全世界，郑和开启了大航海的时代。可是，我们并不把郑和当作全球史的开端，因为郑和主要是宣扬明朝国威，他不是把这个异国文化交流和物质互相依赖当作最主要的目标，所以，我们还是要承认麦哲伦（Ferdinand Magellan）、哥伦布（Cristoforo Colombo），他们才开启了大航海时代，才开启了全球化的历史。从中国出发的全球史，不是站在中国的立场和价值，而只是站在中国的位置和角度去看历史。

第三，我们讲从中国出发，也是考虑到中国听众接受历史的经验和习惯，什么样的历史叙述才有亲切感，怎么样讲历史才能够被听众接受和理解？比如说，我们讲白银贸易，大家都知道有所谓白银时代，白银的开采和交易，在15世纪以后是一个涉及美洲、欧洲和亚洲的大事儿。如果我们去讨论西班牙人怎么样在美洲开采白银，可能中国听众听了会觉得遥远和陌生。我们选择从江口沉银开始讲起，就是因为中国听众这样听来，会觉得离我们很近，我们能够理解。大家知道，江口沉银是最近几年特别热门的一件事情，传说张献忠失败以后退到大渡河那边儿，然后把大量的银子沉在江底。这原本只是个传说。可是，现在考古发掘真的在江底发现了大量的银子，你从这儿讲过去，就知道在晚明的时候白银有多重要，再从这儿往上讲就知道，晚明用白银作为基本货币，是一个很大的事情。再追溯上去，欧洲殖民者从美洲开采的白银，以及从日本运过来的白银有多重要，可以换回多少商品到欧洲去，这样你就可以讲得更清楚。也许，中国听众这样听了就有兴趣。

我觉得，对中国学界来说，全球史的研究和撰写，还有一些问题要考虑，我们也一直在反思，到现在也没有全部想清楚。

第一，全球史里，无论是中国的还是外国的，占主流的都是贸易、移民、疾病、气候、战争、宗教传播，但是，传统历史学里占有绝对重要意义的政治史该怎么处理？商品贸易、宗教传播、战争移民造成了全球的合，政治制度、国家管理和意识形态造成了全球之分，合与分，怎么样融合到一个共同的全球史里，这是一个很麻烦的事情。就像现在新冠病毒流行，大家都可以看到，已经造成逆全球化的一些现象，国家越来越强势，国家和国家之间的沟通越来越困难。因此，在全球史里如何容纳国家和政治，这个问题其实是我们一直要考虑的。

第二，一部完整的全球史，怎么样更好涵盖各区域、各文明、各族群的叙述。刚才我们讲，从中国出发，不是去争份额的。可是，过去的世界史确实有欧洲中心主义、近代中心主义，现在的全球史能够避免这种偏重和忽略吗？我们现在看各种全球史仍然是以各大文明来分配叙述份额的，可是历史史料有多少，决定了全球史叙述里的份额多少。因为有些地方文字资料、考古资料不足，你就没法讲。比如说，早期印度的印度文明，除了吠陀、佛教与印度教以外，讲的不够怎么办？又比如说，波斯帝国，我们很多学者拿波斯帝国跟中华帝国相比较，可是波斯帝国的史料很多是来自后来叙述，尤其是欧洲人的叙述，这就把欧洲人理解的波斯帝国的历史带进来了。怎么办呢？这种全球史叙述上的不平衡我们应该怎么处理？这是我们意识到的第二个问题。

第三，新文化史当然是现在历史学的显学，依赖"文化"这个概念，避免了国家、政治、制度这种因素，也避免了进步、落后这样一些判断。但是，我们现在能不能通过全球史，整体地勾勒一个人类历史的大走向和大脉络？我们现在叙述全球史，不希望把它叙述成为这样一个碎片化的、分门别类的历史。但怎么样通过这些来看一个整体？全球史到底要不要一个一以贯之的主轴？这个还不是很清楚。我们现在还不能够完全把握住。

结论：面对全球史，中国历史学者应有的态度

最后，我要讲一讲我的理解。

首先，我觉得，每一个历史学者在宏大而广阔的全球史领域都要谦卑地面对，要明白自己的知识太少，要承认，我们真的知识太少了。

其次，每一个历史学者在眼花缭乱的关于全球联系的新发现面前，要懂得不要轻易地下结论，因为不断有新的发现在挑战我们的常识。我们千万不要把我们的想象力给抹杀掉，因为事实上有可能新发现在不断地对传统说法进行挑战。

最后，每一个历史学者在广阔的全球史图景中，都要小心地淡化自己"族群"或"国家"的傲慢，不要把自己当作"天朝""上国"或"中心"。中国历来有一种非常固执的中心观，就是觉得自己是泱泱大国，自己是非常了不起的中心之国。事实上就像传教士艾儒略（Giulio Aleni）说的那样，"地既圆形，则无处非中"，地球是一个圆的，哪里都是中心，更何况地球有五大洲，中国只是一洲中一国。我们不要把自己看成是包罗万象、漫无边际，可以笼罩全球的一个中心国家。历史是变动不居的。我们用一句老话讲，风水轮流转，要从变化的角度来理解历史，不要仅仅从我们这个立场、价值来看全球史，那就变成了一个

民族主义色彩浓厚的全球史，那就不对了。

现在回过头来想，三年来，我们组织的这个"从中国出发的全球史"音频节目，其实不只是给听众提供知识，也给我们自己很多感受。今天我讲的这些内容，其实更主要的是一种反省。说实在话，我对中国的全球史研究和撰写之进展缓慢与基础薄弱，实际上是很焦虑的。现在能够做出这样的一个初步的全球史叙述，我们自己感觉到很安慰，好歹我们做了一个从中国视角出发的全球史。

第二篇

什么时代中国要讨论「何为中国」？

这是2017年6月在云南大学的演讲。有一个日文本改题《"何が中国か?"の思想史》,由辻康吾先生翻译,发表在岩波书店《思想》2018年第6期(总1130期)。

今天，很荣幸在这里演讲，在这个演讲中，首先我要和大家讨论的话题是，为什么现在中国学界又要来谈论"何为中国"？

也许大家都注意到，2011年我出了一本书叫作《宅兹中国》。在这本书以后，2014年我又在香港牛津大学出版社出了一本《何为中国》。最近，在香港中文大学又出版了一本《历史中国的内与外》。这几年，总共写了三本有关"中国"这个概念的书。在出这三本书的几年里，大家可能也注意到，"中国"成了一个话题，讨论得很热烈。过去我们大家觉得，"中国"是一个不言而喻、不需要讨论的概念，我们写中国文学史、中国思想史、中国宗教史、中国通史，似乎很少专门去讨论"什么是中国"，可是最近几年，大家也看到，除了我写的这三本书以外，有很多关于"中国"的书出来。比如考古学家许宏，他写了一本《何以中国》，他是讨论早期中国怎样从一个满天星斗的格局，逐渐转向月明星稀的格局，在这个月明星稀的过程中，"中国"怎样浮现出来？大家也知道许倬云先生，许先生在前年出版了一本书《说中国》，讨论中国这个复杂共同体在历史上的形成背景，《说中国》这本书原来的书名叫《华夏论述》，许先生最初要求我给他写"序"，我后来就给他写了个"解说"，这本书出了以后影响很大。另外，新加坡资深学者王赓武先生也写了一本《更新中国》，其实，这本英文版书名是 *Renewal*（更新），但中文本就特意改成了"更新中国"。另外，香港中文大学出版社去年出版了刘晓原的《边疆中国》。我的老朋友李零也在三联书店出版了四卷本《我们的中国》。你们看，这个"中国"就成了讨论的大话题。

可是，为什么"中国"或者说"何为中国"这个话题，现在这么引人注目？让我简单地回溯一下历史。

一

在历史上，古代中国人常常觉得自己是"天下"，虽然有华夷之辩，但是总有天盖地覆的感觉，"至大无外"呀。那么，什么时候中国人开始要讨论"中国"？什么时候中国人不得不重新讨论"何为中国"？我觉得有三个时代，中国人特别热衷讨论"中国"。

第一个时代是北宋。我一直觉得，从安史之乱的755年到澶渊之盟的1005年，这整整两个半世纪，实际上是中国史非常重要的一个分水岭。大家如果看澶渊之盟之后的思想界，可以注意到，突然出现了很多讨论"中国"

的文字。其中，最典型的是所谓"宋初三先生"之一的石介，写了中国历史上第一篇用"中国论"这样的名字来命名的文章，如果大家有兴趣的话，看一看石介的《中国论》，就知道对于"中国"的焦虑在他的心目中是怎样的。同时大家也可以注意到，关于"正统论"的讨论在当时也是非常热闹，大家都知道的文学家欧阳修写了《正统论》，他的一些朋友，就和他反复论辩谁是正统？谁是中国？谁是华夏文化的代表？同样，大家也会注意到，这一段时间"春秋之学"非常兴盛。所谓"宋初三先生"，就是孙复、胡瑗、石介他们这些人，为什么对春秋之学非常重视，在春秋之学里又为什么特别注意"尊王攘夷"这样的观念呢？

　　显然，他们针对的是当时北宋面临的危局，也就是北宋疆域缩小了，强邻出现了。钱钟书先生有一个著名的比喻，说到了宋代，本来的八尺大床变成了三尺行军床。中国由原来大唐帝国时代无远弗届，突然缩小到只有汉族为主的这么一小块地方。那么，这个时候就出现了内外的问题，北大的邓小南教授在《祖宗之法》一书里说，胡汉问题在北宋似乎消解了，可是我补充一下，胡汉问题又从原来的内部问题，变成了外部问题，也就是华夷问题。大家回看历史，在唐五代，在中国这块地儿上，胡汉杂糅非常普遍。我举几个例子：白居易祖上是汉人吗？白居易的祖上不是汉人。刘禹锡是汉人吗？刘禹锡也不是汉人，祖上是匈奴人。晚唐时代，有好几个宰相，都有胡人血统。可是，到了北宋，这些族群都融入了汉族中国，很多人追溯祖上，就往往说"太原人也""大名人也""洛阳人也"。似乎到了北宋，疆域之内基本上都成了同一性很高的一个族群。这种胡汉问题在内部似乎已经解决了，可是，在外部，辽、夏、大理、高丽环绕，却成了严重的华夷对峙。也就是说，外部有强大的对手，因此，宋代君臣内心焦虑就很厉害。所以，到了澶渊之盟以后，北宋基本稳定下来，大宋与大契丹并立共存，这个时候，谁是"中国"，谁是"华夏"，谁是"正统"，变成了一个巨大的问题。

正是因为如此，在整个北宋，"中国"的名实之辩，就成了一个问题。大家都在反复讨论，怎样的是"中国"，谁应该是"中国"？在当时，大宋面对的强敌是契丹辽，辽国比你还强大，你不承认他也是正统？我说一个故事，当时，辽国与北宋打交道，说我们往来国书里面，彼此称北朝和南朝，国书里面写北朝皇帝致南朝皇帝，怎么样？如果是北朝皇帝致南朝皇帝，那就可以说是"一个中国，各自表述"。可是，北宋皇帝下令叫大臣们讨论，讨论了半天，大臣们决议说，国书还是要用大宋皇帝致大契丹皇帝，因为我们跟你们不是一个中国，你们是契丹，我们叫大宋，这仿佛就是"一边一国"了。这里面表现的北宋君臣的"中国"观念，就是严分"华夷"。如果你研究中国思想史，讨论北宋为什么会出现道学？其实，跟这种对"中国"的焦虑，捍卫文化意义上汉族中国的正统性，有很大的关系。有这种焦虑，才会出现道学。可是，过去哲学史也好，思想史也好，不是太注意这一个大背景，其实这个背景是很重要的。

二

接下来，我要讲讨论"何为中国"成为话题中心的第二个时代，也就是20世纪上半叶，大体上是晚清到民国。从1894年甲午海战、1895年《马关条约》以后，到1945年第二次世界大战结束。这段时间热衷于讨论"中国"和"中华民族"，是因为从传统帝国向现代国家的转型过程中，中国面临外部威胁产生危机，内部也出现了很多问题。

首先，大家可以看到，以康有为、梁启超、蒋观云为代表，他们认为，要保存大清帝国所奠定的这个多民族、大疆域。梁启超率先提出"中华民族"这个概念，是因为一方面要维护大清帝国遗留的族群和疆域，一方面要顺应当时国际上所谓"民族国家"的潮流。因为当时世界趋势是建立"民族国家"，就是意大利人马志尼讲的"一个民族是一个国家，一个民族只能是一个国家"，这个观念在当时影响很大，包括日本也流行这种说法。可是，日本刚好是相对单一的民族和国家，中国不是，满、蒙、回、藏、汉，很复杂。为了符合这个"民族国家"的模式，就要塑造整个的"中华民族"。中华民族对应的国家就是"中国"，就是延续了大清帝国族群和疆域的中国，不仅是梁启超，康有为在1911年民国建立之后，还写信给黎元洪说，大清辛辛苦苦打下江山，开拓疆土，不能丢了。这些人大体上是近代史上所谓的保守派，他们既对大清王朝多少有些感情，也觉得大清遗留的疆土不能分裂。

那另外一派，也就是所谓"革命派"则相反，像章太炎、孙中山、朱执信、汪精卫他们。大家都知道，晚清革命者有一个口号叫"驱除鞑虏，恢复中华"。他们最初的想法，就是要恢复一个汉族中国，用汉族的民族主义来作为革命的动员力量。他们说，自从明朝灭亡，中国已经亡了。中国亡于什么人呢？亡于"满清""鞑虏"，所以要把中国从"鞑虏"那儿解放出来。因此，虽然他们也是要在新的国际背景下建立"民族国家"，但这个民族国家是汉族民族国家，他们觉得，这才叫作"中国"。大家看章太炎的《正仇满论》和《中华民国解》，从这两篇文章都可以看出，他们心目中的"中国"就是汉族国家，所以，章太炎甚至说，什么蒙古、满洲、新疆、西藏都算了，我们这个血统，和满、蒙、藏、回都不一回事儿，反而跟朝鲜人、安南人、日本人还更近。总之，他们最初目标是要恢复一个汉族的中国。

这两种关于未来"中国"的设想冲突很厉害。可是有趣的是，革命派打下天下，却不得不接受保守派的看法，包括章太炎都不得不转向。大家可能读过《清帝逊位诏书》，里面要求维护中国的"五族共和"。1912年，孙中山作为临时大总统发表就任演说的时候，他也接受了这个"五族共和"。这里原因很复杂，不必多说。后来，大概在1917年还有人提出，中国不应该叫"五族"，应该叫"六族"，因为西南还有人数众多的苗彝，所以应该叫"六族共和"。那么，当中华民国接替大清王朝，它就不得不维护大清帝国的天下，包括庞大的疆域和不同的族群。这样一来就出现了一个尖锐的问题：怎样使多民族多信仰的民众生活在一个共同体"中国"里？

大家要注意，当时日本对中国的影响非常大，日本人，像后来的京都大学教授矢野仁一就提出，中国根本就不是一个国家，中国应该在长城以内，关外就是满蒙，是另外一些国家。这种说法明治时代就开始有了，当时日本对中国有领土的企图，他们觉得中国应该分开成若干国家。日本明治、大正的一些政客和学者，就提议中国应该在长城以南，要么守住汉族"中国"，要么分裂让列强管理。像有贺长雄的《支那保全策》和尾崎行雄的《支那处分案》，当时的影响就很大很大。可是要注意，日本对中国，一方面给予的影响很大，一方面激起的反弹也很大。自从1894年日本跟中国发生海战以后，中国上下普遍都已经认定，未来中国的敌人和威胁就来自日本，所以，当日本舆论强调中国应该分裂的时候，中国的反应恰恰是要反抗分裂，维持国土完整。

这种争论一直延续。到了20世纪30年代，中国稍稍喘过气来，维护主权和领土的意识就更加高涨，那时就要废除不平等条约了嘛。恰恰这个时候，日本开始对中国侵略，从1931年的"九一八事变"起，中国和日本关于"满蒙"的争论就越加激烈。凡是中国学者，都强调大一统中国，强调满蒙回藏族群和疆域属于中国。可是日本却始终要把满蒙从中国分割出去。顺便插一句，很长时间日本学界关于日本人的来源，就有一个日本人是骑马民族的说法，像江上波夫。明治以来，日本学界就常常探讨日本和朝鲜、满洲、蒙古国家和这些地区的历史、语言、人种、文化的关联性，所以，他们很奇怪地产生一种对满蒙也"有如国土"的感觉。明治、大正年间，日本学界对朝鲜、满洲、蒙古的研究很兴盛，就是这个原因。这也刺激了他们的侵略野心，所以在"二战"的时候，打出联合东亚反抗英美殖民主义的旗号，进行侵略活动。可是反过来，他们对中国的肢解，恰恰也刺激了中国要捍卫中国多民族疆域的决心。所以，20世纪30年代，出现了中国疆域史、中国民族史、边疆研究的热潮，好些现在还用的《中国民族史》《中国疆域沿革史》都是那时写出来的，《禹贡》杂志也是那时候办起来的。著名的历史学家里面，像傅斯年写了《东北史纲》，也写了《中华民族是整个的》，顾颉刚去西北考察，也写了《中华民族是一个》这样的文章。大家都知道，1939年在云南发生的激烈争论，顾颉刚、白寿彝、傅斯年他们这些学历史的，认为中国是整体的，非常反感民族学家对民族的识别，甚至认为吴文藻、费孝通他们搞民族识别，实际上是怂恿国内各民族发展自我意识，是在分裂中国，是在给帝国主义提供借口。所以，从学术倾向到政治倾向，这个时候历史学家和民族学家产生了微妙的立场差异。后来，我看20世纪90年代费孝通的回忆，费孝通就说，渐渐他理解了顾颉刚的想法，是担心对于民族识别，影响到当时外敌威胁下的中国内部分裂，因此就主动不说话了。

显然，1939年的争论就是为了维护统一中国，是一个非常巨大非常现实的压力。在这个压力面前，学术分歧只好放在一边，全国全民就只能保持一致，维护统一中国。最终，从晚清到中华民国，出现了两本有关"中国"和"中华民族"最重要的著作。一本是蒋介石的《中国之命运》。《中国之命运》最重要的观点就是，中华民族是一个大家族，各个民族就像是大家族里的分支，所以来源也是一个，大家也都是亲人，所以中华民族、中国就应该是完整的。另一本最重要的著作，现在很少有人读，也很少有人提起，就是罗梦册的《中国论》。他的这本《中国论》要说的话，和现在某些学者很像，就是论述中国是一个文明，既不像帝国，也不像国家，我们就是一个文明，这个文明就是大家在一起的。大家看这个《中国论》，再对比北宋石介的《中国论》，大家可以看到将近一千年里，有关"中国"的焦虑始终存在。这是第二次有关"中国"讨论的热潮。

三

那么第三次，应该就是当下。很多人会问，现在为什么又要讨论"何为中国"？这不是问题嘛。按照现在的观念，"中国"就是中华人民共和国，领土是九百六十万平方公里，民族有五十六个，人口差不多十四亿，这些好像都毋庸置疑。可是，为什么现在又来讨论"何为中国"呢？

大家都知道，现在中国"崛起"了，可是，崛起带来的问题是什么呢？除了国力变强之外，也有内外两方面的问题。从外部来说，当中国崛起，中国跟现在世界上通行的国际秩序，就会发生一定冲突。蛋糕要重新分配嘛！利益要重新调整嘛！打个比方，好像一个很挤的车厢，车厢里只能容五六个乘客，这五六个乘客都规规矩矩站着就算妥了，可是，现在有一个乘客突然变得胖起来，胖了以后原来各自占有的空间会发生变化，这样会不会引起冲突？是接受大家各安其位的原有空间，还是要重新建立一个新的秩序？这就要对自我重新界定。这是一方面。另一方面，内部也出现了问题。当国家不断发展的时候，我们的区域差异、城乡差异、阶层差异和族群差异，就越来越厉害。不平衡的情况下，内部认同也出现问题。为什么大家要认同这个国家，凭什么要认同，在什么共识上认同？如果大家看过亨廷顿（Samuel Phillips Huntington）的《我们是谁》这本书就可以知道，所谓"认同"问题是很严重的。如果没有一个新的认同基础，变化了的国家很难建立稳定秩序。因此，这里面就出现三个方面的问题：第一，我们要重新认识历史中国是怎么样的？第二，要认识现在我们是一个怎么样的国家？第三，要认识中国未来要如何和世界相处？因此，学术界、思想界会来讨论这些问题，什么是"中国"？"中国"应该是怎么样的？

显然，学术话题也有现实背景的刺激，有一次在美国哈佛大学开会，来自各方面的学者就此讨论了很久，当然是关起门来讨论，大家都觉得，有关中国经济、政治、法律的问题，我们不是经济学家，也不是政治学家，更不是法律学家，我们讲不清楚，但有一些问题，我们觉得有可能是引起中国人焦虑的原因。什么问题呢？我们回想了一下，可能是面临一些内与外很棘手的麻烦。这些麻烦，归纳起来是三类：一类是民族问题，一类是周边问题，一类是国际问题。这些都反过来刺激我们历史学家的思考，中国应该怎样自我定位，中国应该怎样安顿自身。这就是我们要讨论"何为中国"的大背景。

这些背景，使得学术界不能不关注"何为中国"。记得有一次参加一个基金会的讨论，问题是如今什么领域的问题值得注意和研究。我记得讨论的结果中，有几个大家都觉得重要的关键词：一个是疆域，一个是族群，一个是信仰，一个是国家，还有一个是认同。我们今天讨论"何为中国"，其实，围绕的就是这五个关键词。但是，我要把话说回来，也就是说我们毕竟是历史研究者，我们有焦虑，也试图给这个国家或者历史的问题去寻找病源，但是一定要搞清楚，我们是诊断病源的医生，而不是开处方、动手术的医生。开处方、动手术是政治家的事情。但是，我们有没有责任告诉大家，我们从历史上是怎么过来的？

这就是我们今天要讨论"何为中国"的重要原因。

四

那么，如果我们不去讨论这些历史问题，会带来什么结果呢？

第一，如果历史学者不讨论清楚这些问题，会使得大家对历史和现实里中国的疆域和领土，习惯固守一个不变的观念。大家知道，传统帝国时代有边疆无边界，主权、领土、国民加上政府和制度，是现代国家的要素。可是，现在一讨论到当下中国的领土和边界，大家会习惯地讲历史上如何如何，好像这就足够了。可是，在论述领土合法性的问题上，这个历史说法是不太灵的。为什么？

因为传统帝国的疆域是移动的，你讲历史，他也讲历史，究竟历史要从什么时代算起呢？在唐代，吐蕃和大唐曾经明确分界，互不统辖，在宋代，云南和大宋也是一边一国。如果所持的历史依据各不一样，也许就会各说各话。所以，如果不讲清楚疆域变化、重组、移动的历史过程，不讲清楚中国现在的领土是怎样从古代的疆域演变过来的，仅仅用简单的历史论证或者现代倒推，可能解决不了问题。

第二，如果不讲清楚这些问题，在历史研究中尤其是中国史研究里面，会产生非常固定的中心和边缘意识。如果你有了非常固定的中心和边缘的立场，你就会有意无意忽略边缘的意义，会忽略这些所谓边缘，在历史上也可能是中心。今天我们就再用云南来举例吧。最近这20多年来，为什么西方学界出现了那么多有关云南（当然也包括贵州、广西）的著作？我感到很吃惊。有一本书里讲得很清楚，古代云南，在很长时间里并不仅仅是汉文化的边缘，还是汉、吐蕃、天竺和东南亚，以及所谓"西南夷"，各种文化交融的中心。如果我们换个视角去看云南，把它当作"中心"，那么云南史的意义和做法可能是不太一样的。同样，大家也知道美国的新清史，被称为"新清史"的有些学者也曾经提出，新疆在18世纪以前，不是大清帝国的边陲，而是准格尔、俄罗斯和大清交叉的中心。那么，你要怎么去回应这些说法呢？如果你不改变你的视角、立场，把中心和边缘"去固定化"，也许，你很难改变过去历史书写的套数，也不容易看到新资料和新文献的意义。

第三，如果不明白这一道理，可能历史的学术研究中也会出现挠头的问题。大家都知道史学界的学科划分很清楚，有中外关系史，有边疆史地，有民族史，等等。很显然，这种划分方法，是按照现代中国领土边界来划分的。一般来说，大家习惯了，边界之内是民族史，边界以外就是中外关系史，核心地区是"内地"，靠边儿上的是"边疆"。可是这里面有一个问题，当你把历史中国疆域固定为现代中国领土，也就是说我们现在的九百六十万平方公里当成历史上的中国，那么，中外关系史和民族史当然就很容易切开界线，可是这个界线不是古代的边疆，而是现在的边界啊。如果我们回到历史之中，当我们看到中心和边缘不那么固化的话，那么，这个边疆史地就出现了一个问题：边疆指的是现在的边疆，还是古代的边疆？当年傅斯年在云南时就讲过，不要轻易用"边疆"这个词。当然，我们现代中国是有边疆的，有非常标准的边界和边疆，可是在历史上，你不能那么看。比如，过去陕西西部、甘肃东部这些地方，在现在看来，已经是在中国内部了，可是如果你研究中古的宕昌，它是中原王朝的朝贡国，那个时候它在边陲以外呀。同样，到了明代，明代所谓的"九边"是在什么地方？有很长一段时间，连敦煌都不在明代中国内，所以，如果谈历史，边缘和中心不要过于固定化，不要用现在国家来倒推历史，我们要坚持从历史过程中看中国疆域的变迁。

五

所以，我们讨论"何为中国"，就要追问"内"和"外"的问题，中国的内、外常常是移动和变化的。大家都知道，秦始皇统一中国，奠定了中国的基本格局，这是没问题的。可是，我给大家看两段话，在我最近出版的《历史中国的内与外》一开始，我就引用了两段话。一段话是《汉书·西域传》里说的，秦始皇"攘却戎狄，筑长城，界中国"，这话什么意思呢？就是秦始皇把夷狄赶走了，修了长城，把中国界定出来了。那么，古代长城就真的是中国边界了。可是，现代歌词呢？"长城长，长城长，长城两边是故乡。"那么，长城两边都是中国了。这两个中国，古代中国和现代中国就不一样。所以说，如果大家顺着历史看中国，可以看到有些地方是外国不断地变成中国，外逐渐变成了内，有些地方却是中国变成了外国，内就变成了外。

这是历史的过程。我赞成日本学者桑原骘藏的一个看法。桑原骘藏曾经说整个中国的历史，简单地说就是北方的胡人不断南下，北方胡人又不断地被汉化。这有点儿简单化了。我给他补充一句，中国历史大趋势确实是北方胡人不断南下，确实是北方胡人在南下过程中不断被汉化，但北方汉人也在不断地被胡化，而北方汉人由于胡人压迫而不断南下，于是南方夷人不断地被汉化，但是南下的汉人也在夷人的影响下不断被夷化，汉化、胡化、汉化、夷化的交错，这才是相对完整的历史过程。

大家都知道，清代奠定了现代中国的族群和疆域，所以，我们讨论"何为中国"，涉及最多或者是讨论最重要的时代就是清代。同样，大家也可以注意到，"新清史"为什么在最近会成为争论焦点，其实跟这一点有很大关系。如果我们说，宋朝和明朝，相对来说是汉族建立了统治，形成了汉族王朝，它的疆域基本守住秦汉奠定的核心区域。宋朝更小一些，明朝基本上是所谓十五省，也就是传统的"中国本部"。用"中国本部"这个词要注意，以前顾颉刚说是日本人阴谋炮制的，是想把中国限制在传统汉族区域的。

但是清代就不一样，大清王朝很了不起。努尔哈赤天命九年（1624），他们降服蒙古科尔沁部；然后皇太极天聪九年（1635）灭察哈尔，建立蒙古八旗；到皇太极崇德七年（1642）成立汉军八旗。他们还没有入关，就已经成为包容满、蒙、汉三个族群在内的帝国。到了顺治元年（1644）进关，到康熙二十二年（1683年）收复澎湖、台湾，拥有了明代中国几乎全部空间，甚至更大一些。清帝国其实已经成为兼有满、蒙、汉，横跨万里的大帝国；到了康熙二十七年（1688），漠北的喀尔喀蒙古三部归顺清朝，康熙二十九年（1690）到康熙三十五年（1696），打败准格尔，整个内外蒙古、青海，都进入大清帝国的版图。最后，乾隆二十二年（1757）进入伊犁，乾隆二十四年（1759）进入喀什，大清帝国就成了合满、蒙、汉、回为一体的超级大帝国。另外，到清朝的雍正年间，西南苗彝地区"改土归流"，整个西南变成了帝国控制下的州府县厅和编户齐民，这就使得中国成为合满、蒙、汉、回、苗的大帝国。接下来是西藏，虽然元明两代都有控制西藏的策略，但大家都知道，真正要到雍正六年（1728）设"驻藏办事大臣衙门"，乾隆五十七年（1792年）打败入侵的廓尔喀，制定《藏内善后章程》，福康安到拉萨确定"金瓶掣签"制度，西藏才真正纳入中国。

可是，帝国有帝国的难处，它不得不用差异性的政治、经济、文化制度来管理不同地区和族群，它有六部管理的内地十八省，有理藩院管理的蒙古、回部、西藏，有盛京三将军管理的东北部分。可是，在追求国家同一性和国民同一性的现代国家，这种制度却遇到相当大的困难。当中华民国和中华人民共和国接受了大清帝国的这份遗产后，传统帝国遗留下来的问题，就同样也成为现代中国的问题。在那个帝国时代，有的区域从外部的变成内部的，逐渐地纳入中国，我们不能说，这个历史形成的领土没有合法性，因为任何现代国家，都是从传统国家演变的，现代国家的国民和领土也是从历史中转变过来的。但是，如何从传统帝国转型为现代国家，如何使不同族群转型为现代国民，如何使传统移动的疆域转型为现代明确的领土，如何使过去对族群和区域的认同变成现代的国家认同？这些问题还是存在的。

对历史中国，千万不要用现代中国的版图、领土倒推。虽然历史中国中心相对稳定，但它的边缘是不断移动的。如果你固执地用现在的领土倒推历史，有可能会产生很多严重问题，尤其是我们做历史研究的人。我们做历史研究，被强行地划成了你是做民族史的、他是做中外关系史的，那有的历史问题怎么办呢？比如说，现在很多跨境民族该怎么写？你不觉得这里有很多问题吗？

六

现在，我归纳一下，"中国"究竟是什么？"中国"的内外究竟应该怎样认识？

我想，我们有我们的判断和角度。最近国际学界有一种流行的看法，就是自从本尼迪克特·安德森《想象的共同体》出来以后，我们大家会接受一个说法就是"民族国家是近代建构出来的"。但是即使在西方，也有另外一些不同的理论，比如1991年安东尼·史密斯写的《民族认同》，就针对这个说法进行反驳。其实，如果从历史而不是从理论来看，单纯是建构，或者单纯是本质的说法，都忽略了另一面。在历史上看，民族国家有本质的、核心的那一面，也有建构的、想象的那一面，必须要把这两面结合起来。

所以我们说，首先，中国不是一个想象出来的共同体。自秦汉奠定基本核心疆域以来，这个"中国"始终在延续，所以要在历史中理解中国。当然，中国的内和外，也是在不断地变化的，但相对世界上其他地区来说，中国尤其是核心区域的政治、文化、社会具有相对的稳定性，这是影响现在中国一个重要的因素。其次，我们要认识到，维持这个核心区域的稳定，从秦汉以来主要依靠的，一是制度，二是文化，三是社会，当然还有共同历史记忆，这是形成这个越滚越大的大雪球的主体部分。这和欧洲历史不太一样。所以，中国从传统国家向现代国家转型——请注意，不是从帝国向民族国家转型——中国和欧洲有可能不同。再次，我要强调，尽管汉族现在是中国非常大的核心族群，但汉族也是杂糅和混融形成的，无论是历史上还是现在，都没有纯粹的汉族。最后，你也要承认，历史上中国也经过变迁和扩张，我们也要承认它也有殖民，也是一个帝国，也曾经自认为自己是世界上唯一的普遍文明。只是近代以来，天也变了，道也变了，我们原来认为是普遍文明的华夏文明，被另外一个来自异域的西方文明取代。另外的那个文明，本来也是地方性的，但近代以来，它强势地变成了普遍文明。而我们这个原以为普遍文明的，却变成了地方文明。这是历史变迁大势，这一点大家要有理性的认识。

<h1 style="text-align:center">七</h1>

现在回到一开始的问题，今天我们为什么要讨论"何为中国"？从学术史的角度说，就是我们讨论"何为中国"这个问题，问题意识来自哪里？回应方向是什么？

第一个，我们的问题意识来自中国历史学界过去若干年对于"中国""中国史"以及"民族史"的讨论。大家都知道，历史学界对中国史到底应当包括什么内容，应该涉及什么族群与空间的历史，过去是有很多争论的。比如，谭其骧先生、白寿彝先生，他们基本上是赞同，凡是发生在现代中国九百六十万平方公里领土上的历史，都是中国历史。这是一个主流的看法。谭先生是伟大的历史地理学家，编制了《中国历史地图集》，而白寿彝先生在"文化大革命"之后，主编了卷帙最大的十二卷《中国通史》。他们基本上持这种看法，也就是在我们中华人民共和国领土上发生的历史都是中国历史。但是另外呢，像以孙祚民为代表的学者们就认为，历史中国是不断变化的，不能把所有的历史都算作是中国历史，也要承认历史上有的地方是外国，有的族群是异族，中国有逐渐变化的一个历史过程。当然，我们承认，前一种说法目的是捍卫现代中国不可分割，有政治上的合理性，但是这种说法也会忽略一些问题。第一，用费孝通先生"多元一体"说来比方，"多元"是历史的，也是现实的，而"一体"则应该是在建设中，还不是完成式，你得承认这个变化的历史过程。第二，如果把现代中国当作古代中国，就出现了汉族是多数民族，其他都是"少数民族"的固定看法。因此我们的"民族史"研究往往不怎么涉及汉民族，只涉及其他民族。我觉得，这会不会忽略有的民族历史上所建王国，当时跟中原的王朝，可能就是国际关系？这个大家还可以再讨论。所以我们说，"何为中国"的讨论，也是回应历史学界如何书写中国史的问题。

第二个就是回应中国政治领域。刚才我说了，为了论证政权的合法性、领土的神圣性、族群的一统性，有时候我们太依赖所谓历史证据，忽略了古代疆域和现代领土之间的差异。请大家注意，说古代的时候我用"疆域"这个词，但是讲现代的时候我用的是"领土"这个词，古代疆域和现代领土不完全是一回事。同时，如果对此不作区分，也会混淆政府和国家的差异，或者说混淆王朝和中国之间的差异，甚至会混淆历史和现实之间的差异。所以，我们在某种程度上，是要回应中国政治领域的一些习惯的、固定的观念。

但是更主要的是第三点。我们讨论"何为中国"，也是在回应国际学界的一些质疑和看法。可能大家都了解，现在国际流行的历史观念和历史方法对我们产生了很大的冲击。比如说"全球史"，全球史说到根本就是超越国界、强调联系的整体史。在全球史里，"中国"这个概念，以"中国"为单位的历史研究，就往往被质疑。又比如后现代、后殖民、后结构之类的说法，把过去历史研究中的很多基本单位，比如国家、民族、事实都看成是"书写"出来的。"建构"出来的、"想象"出来的，它质疑过去的历史观念，也冲击着我们的历史研究。比如，近来对我们形成挑战的蒙元史和大清史。美国的新清史提出来的挑战，则是把清史不仅仅看作中国一个朝代的历史，而是放在"全球史"的背景下，强调边缘的意义，调整大清帝国内部汉族本部和周边异族的重要性。这些理论、观念和角度，其实，也在逼着我们回答"何为中国"，历史中国的疆域、族群和认同究竟如何这样一些问题。

八

最后，我讲一讲我的结论。

我写完这三本有关"中国"的书以后，我不打算再写这方面的论著，要回到我自己熟悉的老本行去了。刚才我和大家讲，这些年我和我的朋友们之所以花了这么多时间去讨论"何为中国",当然是有历史的、学术的和政治的背景刺激,这是毫无疑问的,这里不再多说。我就概括地说一下我对"何为中国"的最终几点看法吧。

第一,我要强调中国是在历史过程中形成的,历史上的疆域在不断地移动,我们不能用现在中国的领土和族群倒推历史,把所有在现代中国的族群、疆域和历史都看作是历史中国的。

第二,我也要强调,从秦汉以来,中国已经形成了核心区域的政治区域、行政制度和很强大的文化传承,也形成了华夏观念、内外观念,更形成了非常强大的中国历史意识。

第三,我们也必须承认,这个核心区域的"中国"也是杂糅的,它与王朝并不一定重叠。它本身的族群、政治、文化,是一个叠加、凝固、再叠加、再凝固的过程,或者换句话说是族群与文化"南下再南下"才完成的。同样,在这个历史里面,中国也曾是帝国,也曾有征服,也曾有殖民,这跟世界上其他帝国是一样的。

第四,大家要记住,在清代以后,中国从传统国家向现代国家转型,但这个转型过程相当艰难和特别。它不是只有一个脉络,而是有两个交织的脉络,一个脉络是"从天下到万国",另一个脉络是"纳四裔入中华"。这两个脉络合起来,你才能理解现代中国的形成和它所带来的巨大问题。

第五，正因为如此，兼有现代国家和天下帝国复杂性的现代中国，在当前国际秩序中就遇到了很多麻烦。如何处理这些麻烦，需要政治家高度的智慧，这不是历史学家能够解决的。

第三篇

什么才是「中国的」文化？

这是2015年6月在上海图书馆的演讲。这份
记录稿最近做过多次修订。

我今天讲的这个题目，是一个很普通的题目——什么才是"中国的"文化。略微有一点特别的是，我把"中国的"这三个字加了引号，因为我主要讨论的是，究竟什么才真的能算是中国的文化。

　　大家都知道，从晚清以来，一直到现在，关于中国文化的讨论是非常多的。从林则徐、魏源他们"睁开眼睛看世界"，有了一个对比的"他者"，也就是西方以后，到"五四"，到"科学论战"，一直到20世纪80年代的"文化热"，我们一直在讨论这个问题。那么，为什么我们今天还要来重新讨论这个问题呢？因为有以下几个特别的考虑，咱们开门见山，先向大家——道来。

　　第一，是我们过去对中国文化的讨论，或者给中国文化的界定，往往是大而化之、似是而非的。我们有一些高度抽象和概括的形容词，总是加班加点地在那儿使用。可是说实话，你听完了，不知道他在说什么，这不符合历史学者的习惯。让他们讲起来，文化包罗万象，既是精神的又是物质的，上管天下管地，中间还要管空气，可是我今天要给大家讲得具体一点，就是什么才能算中国的"文化"。

第二，要讨论什么是"中国的"文化，那么，是不是还得先界定什么是"中国"呢？很多人都大而化之地说，这是中国文化史，这是中国艺术史，这是中国哲学史。可是，历史上的中国是一个移动的、变化的空间，到了清代以后，满、蒙、回、藏、苗、汉，六族共和构成一大国家，其实内部文化差异很大。你说"中国文化"，可是你先能不能说明白什么是"中国"？如果你拿汉族中国的文化，当作现代整个中国的文化，是不是不合适？满、蒙、回、藏、苗各族，他们能不能认同这个是中国的文化呢？就像我们说"国学"、说"国语"，你能涵盖现在这个"中国"吗？最近这些年，很多人热衷于谈论中国文化，可是很多人在谈论"中国文化"的时候，首先会把它"窄化"，先窄化为汉族的文化，然后再窄化为汉族里面的儒家文化，然后再窄化为正统、经典的儒家文化，这样就使得世界上对中国文化产生误会，认为中国文化就是儒家文化。

第三，我现在非常担心的是，当我们讨论"中国文化"的时候，我们有一些人带着一种很奇怪的、不知道从哪儿来的优越感，好像还停留在华夷文野之分的传统观念里面。因此，在"中国崛起"的大背景下，很多人就会有一种错觉，觉得我们中国文化自古以来就优于其他文化。其实，要和大家坦率地说，文化是一种现象、一种特征，文化无高低，民族无贵贱，如果你没有这样的立场的话，你会有一种莫名其妙的自负，或者是民族的无端自大。因此，我们现在需要对中国文化有理性的、历史的、自觉的认识，这样才能够和内外的各个民族、各个国家、各种文化互相交往、互相理解，有平等相待的态度。

一

好了，书归正传，我们来讲什么是"中国的"文化。

讲正题之前，我还是先和大家讲一段小故事。大概是2006年，北京奥运会开幕之前，那时候我还在北京清华大学，有人来采访我，问我奥运会开幕式想表现和容纳中国文化的精华，那么，怎样才能在开幕式里面把中国文化展现出来呢？我对艺术表现形式没什么研究，并不能提供更多意见。到了2008年，我们看到，张艺谋导演的开幕式，看上去确实美轮美奂，弄了很多东西：要展示四大发明，要展示海上和陆地上的丝绸之路，甚至将京剧与木偶也拉进去，大家还看到上面的图里面，有卷轴式的展开，表现中国绘画，甚至连太极拳都上了。事后，大家都觉得非常精彩。但不知道大家注意到没有，奥运会结束以后有人采访张艺谋，问他的感受是什么？我记得他在回顾时，曾说了一句，他当时真是"老虎吃天，什么都想吃下去"。大概2008年的秋天，也有人来访问我，问我的看法，我只好套用了一句《西厢记》里面的词儿，说"一小时载不动五千年"。说实在话，再浓缩、再凝练、再象征，一小时奥运会开幕式，不可能表现五千年中国文化。

他展示的到底是不是中国文化？这个我们不去讨论，很多人对此已经有了评论。但什么才是"中国的"文化？这是一个问题。

刚才我讲了，我总觉得，过去对"中国文化"，有太多太多大而化之、似是而非的界定。比如说梁漱溟先生，他是最早进行中西文化讨论的重要人物之一，他在《中国文化要义》里面举了中国文化的十四个特点，我觉得就太泛泛了。台湾也有一位学者韦政通先生，写了一本《中国文化概论》，也说中国文化有十大特点，同样也很难理解。我给大家念一下。第一是独创性，这我不同意，哪一个文化不是独创的？第二是悠久性，这也不好讲，埃及文化可能比中国文化还要早。接下来是涵摄性，我不明白什么叫涵摄性。再接下来是统一性，当你描述一个文化的时候，当然是统一的。紧跟着是保守性，中国文化就是保守的吗？然后是崇尚和平，我不知道哪一个文化是提倡战争的。再往后是乡土情谊，别的文化就没有吗？很值得怀疑。还有有情的宇宙观，我不太懂得这个有情的宇宙观是什么。再下面是家庭本位，这个当然可以算一个，但别的文化也不是没有家庭本位。最后，是重德精神，你总不能说别的文化不重视道德。所以，像这种概括，就有点像当年我当农民，生产队做天气预报，说今天可能下雨，可能不下雨，下得来就下，下不来就不下。大家要明白，这个话准确率是百分之百，有效性是零，因为等于他根本什么都没说。

所以，我今天希望能够讲清楚的是，怎么才是典型的中国文化。换句话说，中国文化的什么特点在中国比较明显，在外国不太明显，什么特点在中国有，外国没有，这样，我们才能把它称作"中国文化"。但是，我这里还要作一个界定，下面讲的，主要是汉族中国的文化。我刚才讲了，中国是一个多民族的国家，我们千万不要忘记，按照现在的中国逆向追溯上去来讨论的中国文化，恐怕不能代表其他的民族。我特别不愿意用"少数民族"这个词，因为你用这个词，这就等于认为你自己是多数。中国除了汉族以外，还有别的民族。

所以，下面我主要讲的是汉族中国，而且是历史上的汉族中国的文化，我们开始一个一个讲我认为是汉族中国文化的特点。

二

第一个是汉字的阅读、书写和通过汉字思维，这个是非常重要的。

大家要知道，现在全世界除了中国云南纳西族的东巴文字以外，所有的以象形为基础的文字基本都在生活中消失了，只有汉字仍然和它最起初的象形性、原初性，保持着直接的联系。大家知道，汉字有的是象形的，日月水火、人手刀口、牛羊马犬等等，这个在古代中国叫作"文"，用章太炎的说法，这就是最基本的汉字单位"初文"。这是古人通过图像，直接描绘他所看到的事物，就是"象形"。但是，这些字不够，就加上指事，就是在一些象形的文字上，加上一些标志意义的符号，比如说，刀口上加上一点，表示这边是锋利的，就是"刃"，这就是"指事"。这还不够，又把几个字合起来，表示一个意思，比如爪放在树上，就是"采"，牛被关在圈里面，就是"牢"，这叫"会意"。如果还是不够用，就加上声音，成为形声字，比如说江、河、松、柏等。基础的汉字主要是这几类，当然古人说有六书，造字之法有六种，但主要的就是这几类。大家可以看到，这几类的基础都是形。

因此，用汉字来说话、思考、阅读、书写，就会带来很多特征，可能会有一些重感觉、重联想，但语法相对简单的特点。大家要知道，有些语言的语法复杂到那种程度，是为了明确界定某种意思，不让人搞混，比如说，词尾加上阴阳，加上时态，加上因果。可是，汉族中国的文字传统里这些东西比较少，语法比较简略。比如说，西方哲学天天讨论的概念being，"是"或者是"存有"，现在我们讲being这样的词，其实在古代汉语里面未必重要。"吾，人也"，不用说"我是人"，不用这个"是"，我们也可以照样表达。

但是，用中国汉字来阅读、书写、思考的时候，也会带来很多特点，带来很多特别的文化习惯。一方面，阅读的时候，感觉非常重要；另一方面，理解的时候，很依赖经验。它的好处是我们的阅读速度非常快，感觉带到阅读里面，非常快。有一个台湾"中研院"院士、美国教授叫作王士元，曾经也当过香港城市大学的教授。记得他曾经做过一个考察，是中文阅读快呢，还是英文阅读快？相对来说，中文阅读要比英文阅读快。但是，也带来一些麻烦，中国人会一目十行，会望文生义，会笼统含糊，很多时候是凭感觉。

同时，汉字的表达和理解，又带来很多特别的文化。我们举几个例子，比如说，中国对于某些事物和现象，为了区别等级，会用特殊的字，表现又非常复杂，非常仔细。比如说，古代讲人死了，有崩、薨、卒、毙，这里面就有不同的意思。比如说皇帝死了，你不能说皇帝死了，你要说皇帝驾崩了。王死了，你要讲他薨，你不能说他卒。又比如，文字与形象的紧密关联使中国古代人认为，文字符号与事物本身有直接关联，这就带来了很多遗传。比如，中国人非常相信印，相信符，相信咒，其实都和汉字的文字性质有关，从古代印、符、咒，到道教的法器，再到"文化大革命"在名字上画叉叉，这些都是对文字和事物直接联系的迷信。这一点，大家可以好好看胡适的《名教》

一文。由于文字和事物是直接关联的，你才会觉得，掌握了文字就能够把握事物。可是，表音文字不是这样的，它的符号性很强。比如说狗，西方人说dog，这只是一个拼音，和狗没什么关系。可是中国的狗，在殷商时代，你可以看到画的就是一条狗，就是犬。

我经常举一个例子，这是我的老师周祖谟先生在给我们上《说文解字》课的时候讲的。中国的"文"和"字"，往往有联系和联想，像古代的"人"字，一看就是"人"。如果这个人嘴巴朝天，就是"兄"，"兄"原本不是兄弟的兄，是庆祝的"祝"，人的口朝天是向天"祝"和"咒"的意思。如果人的嘴巴朝前张开，又是什么？是打哈欠的"欠"。但这个嘴巴如果转到后面呢？就是既然的"既"，这是吃完了，掉头不吃了，所以是"既"，就是已经结束了的意思。汉字都非常有意思，它形成了中国文化很多很多特点。时间关系没法仔细讲，简单地说吧，汉字还给我们的文学艺术带来了很多特点：第一，带来了书法的发达，汉字的书法在世界上都很有特色，因为汉字容易产生形象；第二，带来诗歌声律的发展，比如对偶、平仄，这些都是单音节的汉字才能有的；第三，是语序可以错综颠倒，像杜甫的"香稻啄余鹦鹉粒，碧梧栖老凤凰枝"，把词序颠倒成这样，大家不仅还能理解，而且觉得这真是曲折回环得有意思。当年，陈寅恪先生在清华大学招生时，曾出一个题目对对子，上联是"孙行者"，让考生对下联，答案当然五花八门，但据说他认可的答案，第一个就是我的老师周祖谟先生做的，他当时回答的是"胡适之"，因为"胡"和"孙"相对，猢狲就是猴子，"行"就是走，"适"也是走，"者"是个代词，"之"也是个代词，不光是词性相对，平平仄，平仄平，平仄也基本相对，非常工整，这个恐怕只有汉字才行。还有人对的是"祖冲之"，也对，大家可以想想什么道理。

在古代中国，汉字这种以象形为基础的文字，历史上没有中断，延续到现在，它对我们的思维、阅读和书写，都有很大的影响，甚至影响到了东亚，形成了所谓的"汉字文化圈"。这当然应该算汉族中国文化的一个特点。

第二个特点，应该说是"家、家族、家国以及在这一社会结构中产生的儒家学说"，这是非常有影响的。我上课的时候，尤其是给外国学生上课的时候，要出一个题：贾宝玉应该管林黛玉、薛宝钗、史湘云叫什么？外国人总搞不清楚，他们说sister，我说，没那么简单，用中国话来说，是表姐、表妹。但还是没那么简单，严格地说，林黛玉是贾宝玉的姑表妹，薛宝钗是贾宝玉的姨表妹，史湘云隔了两代了，是更远的表妹。

如果我另出一个题目，估计没有人可以答出来，就是表姐的姨父的外公，应该叫什么？我是福州人，我家老宅隔壁是清代很有名的学者梁章钜的家，他曾写了一本《称谓录》，专门记录中国各种各样的称谓，特别厚的一本书。

为什么中国称谓这么复杂呢？这就是因为中国的家、家族、家族共同体，要想有秩序，必须把远近亲疏关系界定得非常清楚，这就涉及中国伦理原则和组织秩序。简单地说，这里其实就是两个原则。一个是"内外有别"，父母、夫妻之间，分内和外，也就是说，女性的亲族和男性的亲族，等级远近是不一样的。比如说，叔叔、伯伯，那是你的父党，同姓；但是，舅舅、阿姨，那是母党，不同姓。所以，外公外婆是外，爷爷奶奶是内，在古代中国是分得很清楚的。第二个原则就是"上下有序"，必须讲清楚上下，伯仲叔季，分得清清楚楚，不能乱。西方人就不了解，就说sister，什么姐妹都可以这么叫，uncle、aunt什么都可以管，可是在中国是叔叔、伯伯、伯母、婶子、舅舅、舅妈、阿姨、姨夫，分得很清楚。

而这两个原则，在哪些地方表现得最清楚？就是丧服制度，就是一个人死了之后，在这个人的丧礼上穿什么衣服。一方面表示你和死者关系远近如何，一方面通过丧服，把一个大的家庭、放大的家族、更大的家族共同体联结起来。可是大家要知道，中国的家庭、家族、家族共同体再放大，就是国家。西方不论是country、state都没有"家"的意思，中国偏偏有"国家"和"家国"，因为在中国观念世界里面，国就是放大的家，家就是缩小的国。上下有序、内外有别的伦理，在国家层面上也是非常严格的。正是在这个基础上，才有了儒家学说。坦白地说，儒家学说

祖先群像（清嘉庆年间）

就是在这样的家族、社会、国家基础上，才产生的一套关于道德伦理和政治制度的学说。大家千万不要以为，儒家是抽象地谈亲情、友爱和伦理，实际上，它背后是有那个时代的社会基础的。

第三个很重要的特点就是，汉族中国文化里面有一个"三教合一"的信仰世界。这一点大家都能够理解。历史上最典型的是欧洲，曾经有凌驾于王权之上的神权。学过欧洲史的都知道，这个神圣宗教权力和世俗国家王权的冲突，是整个历史上最重要的矛盾之一。可是在中国，宋孝宗、永乐皇帝、雍正皇帝不约而同讲过几乎相同的话，叫"儒家治世，道教治身，佛教治心"。也就是说，儒家管社会，道教管身体，佛教管精神，三教看起来蛮融洽的。从比较历史上看，这个道理很简单，在中国，佛教道教没有绝对性和神圣性，不可能和天主教、基督教、伊斯兰教那样，独一无二。当然，宗教之神圣与绝对，对他们也有麻烦，麻烦在哪儿？就是由于我是绝对的和神圣的，就不能存在另一个绝对和神圣，有时候就会发生冲突甚至战争。而在中国，三教合一，大家和平共处。大家经常看到，有的地方，一个佛像、一个孔子、一个老子，供在一块儿。我在江苏高淳看了一个新修的真武庙，前面居然有大成殿，道教和儒家就很和睦相处了。其实，现在五大宗教不都在国务院宗教局的领导之下？只能和睦相处，很难看到宗教之间的辩论，也不大会有宗教之间的战争，你也没有

《三教图轴》 明代 丁云鹏绘

军队和武器呀，这是中国的一个特色。

说起来，这种传统的形成过程，至少经历了中古的三四百年时间。最早，道教其实很想把民众军队化管理，构成他的行政组织，设有将军、祭酒等等来管理民众。可是，那是不行的，道教这么搞，政府不允许，要发生冲突的。最早，佛教也想另立山头，佛教说"沙门不敬王者"，出家人不拜父母，不拜君王。可是，对不起不行。东晋末年有一个和尚叫慧远，写了一篇文章《沙门不敬王者论》，出家人不礼拜君王。可是不行啊，当时的统治者桓玄说不行，说沙门就要拜王者，就要服从政府的管理。几百年一直辩论，一直辩论到差不多唐高宗、武则天时代，最后由皇帝下达诏令，沙门必须拜王者。于是大家看到，宗教就在政治的控制下面了。你们经常看到佛寺门口有两行字，前面说"法轮常转"，就是宗教信仰永恒，后面还有一行写着"皇图永固"，意思是政权万古长青。可以看出，佛教实际上也是在中国古代政治权威的笼罩之下。正是因为政治权威的笼罩，所以，中国的宗教没有绝对性、神圣性，彼此也就相安无事。

所以你们看，我们中国的民众信仰往往也是三教合一的。20世纪80年代，我最早一次做宗教调查，是在江苏茅山，这是道教三清派的大本山，可是一问带着黄布书包上山的老太太，你们去拜什么？我们去拜观音啊。观音是佛教的啊！在西安的八仙宫门口，八仙是什么？这是道教的宫观啊。可是，门口就有信众唱"十二朵莲花"，那是拜佛教才唱的呀。所以，在民间，往往信仰世界是各种宗教混合在一起的。

第四个特点呢，是中国最有趣的阴阳五行。阴阳不说了，天地、日月、男女、山南水北，世上一切都可以套上阴阳。五行呢？有两大原则。一个是相生相克。大家都知道木生火、火生金、金生水、水生土、土生木，木又生火，这是相生的轮回。还有相克的轮转，金克木、木克土、土克水、水克火、火克金，金又克木。第二个是，五行可以串联万事万物，我这里可以举很多例子，五行本来是金木水火土，可以配五方，东南西北中；可以配五色，青白赤黑黄；还可以配四季，春夏秋冬和季夏；可以配五声，宫商角徵羽；还可以配五味，酸甜苦辣咸。把万事万物连成一个大网络，这是对宇宙万事万物认识的知识基础。大家现在学了科学，对这个有怀疑，但是在古代，这就是我们理解世界最关键的基础，在这个基础上还产生了一整套知识和技术。包括我们现在仍然在使用的中医，基本理论就是阴阳五行。它可以串联一切，解释一切，甚至连政治都可以解释。大家知道"五德终始论"。古代的伦理也有五行之说，"仁义礼智圣"。这个特色是非常明显的，直到科学进来才被取代。

这套东西，对我们来说，在现代知识系统中解释是非常困难的。我记得2001年，有一次我到美国密歇根州立大学演讲，讲道教，费了老大劲也解释不通"阴阳"。猪肉偏凉，羊肉偏热，洋人就是不懂，怎么可能？都是二十五度！我说，橘子上火，橙子不上火，洋人说，都是orange，这不可能啊！人参和萝卜不可以一起吃，可是长得都差不多，怎么不可以一起吃？很多东西，不在某种文化和知识基础背景下，是没法解释的。我研究道教，觉得向外国人尤其是西方人最难讲的，就是这一套。你讲气沉丹田，他就摸摸肚子，想那都是肠子；你说要想象丹田有气凝聚成

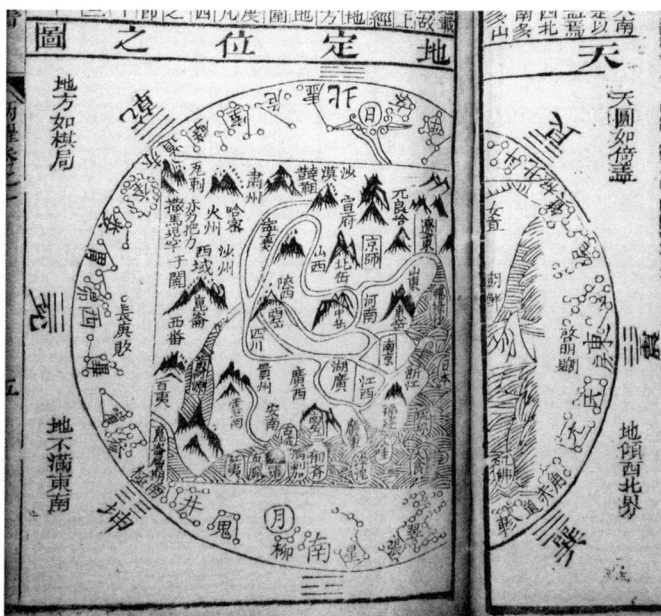

《天地定位之图》 清康熙年间

丹丸那样，洋人真的是不懂，因为这是两个知识系统。

第五个，是中国天下观念。用我们现代的话来说，中国古代的世界观，跟其他国家和民族很不一样，包括日本、韩国，也包括印度、伊朗，当然也包括欧美，都不一样。古代中国人有一个宇宙想象，叫作"天圆地方"，就是天圆如倚盖，地方如棋局。天是圆的，像斗笠一样；地是方的，像围棋棋盘一样。当然，中国古人并不想这里有矛盾，如果圆大，那么，天的四边没东西盖，如果方大，那大地的四个角，天也盖不上。天的中心在哪里呢？古人想象在北极。古人夜观天象，视觉里天在转地不转，因此"天道左旋"，当你面朝北的时候，天是朝左转的，你会感觉有一个地方始终不动，这就是北极，就是我们现在讲的极点。古人就认为，那个地方有一个贯通天地的枢轴。古人认为大地的中心在哪儿呢？"洛者，天之中也"，洛阳是大地的中心。这是因为这套观念形成的时候，大概是东周，那时候王都在洛阳，洛阳最了不起，特别是到了夏至那天"日下无影"。所以，古代中国人以洛阳为中心，一圈圈放大，这就是大地的形状。所以有"九服"或者"五服"的说法，每服五百里，两边各有五百里，就是一千里，"五服"就是五千里，大地就是这么方方的。

但是，在这里形成的一个观念很重要，就是越在中心的人，文明程度就越高，越在边儿上的人，文明程度越低，这就是南蛮、北狄、东夷、西戎。于是，中国很早形

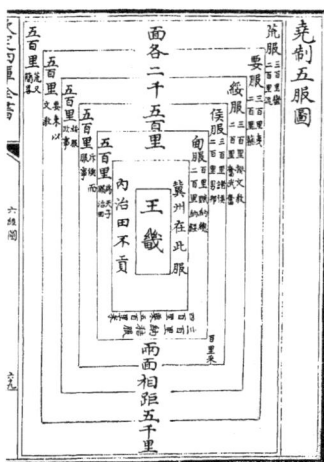

《尧制五服图》
（《六经图》卷二）

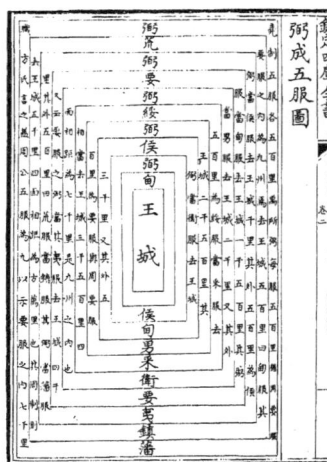

《弼成五服图》
（《六经图》卷二）

成了"华夷观念"，认为中国人是文明人，周围人是野蛮人，野蛮人要接受文明人的教化，就形成了一套"天下观念"，即以我为中心想象世界。这个想象和观念逐渐发展，不仅成为一种民族志、地理志里面的文化观念，也形成了政治制度，即朝贡体系。所以，古代中国，无论是真的还是假的，想象的还是实际的，基本上都在做一个天朝大梦，就是万国来朝。于是，古代中国形成了这样一个国际秩序和世界观念。这种秩序，后来遭遇了挫折，可是这种观念，坦率地说，现在有些人心里可能还有。这种极端的天下中央大帝国的想象，在近代受挫之后转化成屈辱感，但又在历史记忆里面维持着极度的自负感。很难融入现代国际秩序，总是要想恢复传统的天下体系。

于是在中国呢，好像人人关心世界大势，就像毛主席讲的，你们要关心国家大事，要把无产阶级文化大革命进行到底，到底就是"红彤彤的新世界"，"四海翻腾云水怒，五洲震荡风雷激"。世界上什么事儿都要管，这也是我们中国的一个特点。

三

这五个方面如果结合在一起，就构成了非常明显的属于汉族中国的文化。这五个方面，别的国家、别的民族，可能都不是非常明显，甚至不具有。但是，这五个特点在汉族中国文化里面，确实表现得非常清楚。

可是大家记住，我一再强调，不光现在我们中国是五方杂糅，就连历史上的汉族中国也是五方杂糅的。中国的民族，从秦汉到隋唐，其实不断有外族进来，核心区域的华夏族也是逐渐吸纳、融合、杂糅了其他民族，才形成后来的汉族的。秦汉时代，有西域三十六国、北方的匈奴、南方的百越；魏晋南北朝时期，有鲜卑、东胡；唐代更不用说，突厥、吐蕃、回纥，其实都在互相融合。所以，千万不要认为汉族是一个纯之又纯的民族，中国是一个单一的纯粹的古国，如果你有这样的想法，你可能成为汉族原教旨主义者。同样，我们中国人的信仰世界里，也有很多来自其他宗教的。包括儒家，你说它是中国的，可是到了宋明理学的时候，它也接受了很多外面的像佛教的东西。物品方面，大家都看到，很多外面的东西，都变成了我们的东西，"空见蒲桃入汉家"嘛。汉族中国也并不是一个一直闭起门来、纯而又纯的国家，我们千万不要有"纯种"或者是"文化极端自负"的感觉。我举一个例子，上海人喜欢吃一种东西叫作"草头"，现在谁也不想这是从什么地方来的，只是把它当成很好的菜，可这个菜就是外国来的。汉代的皇帝要从西域引进宝马，也要引进喂马的马草，草头就是苜蓿，就是当时引进喂马的马草呀，可是现在变成我们习以为常的东西了。我再举一个例子，大家可能也都不会去想，白居易、元稹、刘禹锡都是什么人？据考证，白居易祖先就是西域胡人，元稹就是鲜卑人，刘禹锡就是匈奴人，就连书法史上最伟大的米芾，很可能祖上就是中亚的昭武九姓人。千万不能觉得汉族是独特的、纯粹的、单一的文化。我一直在讲，中国文化是复数的文化，不是单数的文化。历史上，不仅汉族中国有秦汉、宋、明三次文化向内，就是向汉族凝聚同一，同样也有中古、元朝和清朝三次异文化不断叠加进来的杂糅过程呀。

当然我们要承认，汉族中国文化延续性很强，为什么呢？我想，第一是圣贤和经典的权威很早确立，并且一直和政治彼此融洽，这保证了这些东西的传续。第二，借助考试制度，读书人始终要通过这些知识的考试来进入上层，所以大家都会维护它。第三，我们的官学和私学，像私塾、乡校这些教育始终很强大。这一点，跟我们很相邻的日本和朝鲜，和我们就很不一样。朝鲜只有特许的贵族阶层两班，才能参加科举，因此，社会流动性没有那么强，观念、知识、文化在下层不会那么普及。日本根本没有科举考试，所以文化是非常复杂的，虽然上层贵族将军在德川时代，可能是信奉儒家，尤其是程朱理学的，但是，下层生活世界是另搞一套的，两者仿佛是油和水。所以，我们要理解，汉族中国这个文化是非常特殊的。中国的精英文化，通过政治上的制度化、教育上的常识化、地方上的风俗化，从上层渗透下来以后，汉族中国的主流文化绵延不绝，而且它和教养、政治、身份相联系。特别是，由于汉族中国的空间相对稳定，汉族人口又特别多，所以，汉族中国文化延续性、笼罩性很强，至今我们仍然在汉族文化主流的延长线上。可是，大家要注意，由于中华民族继承的是中华民国，中华民国继承的是大清帝国，大清帝国把版图扩大了，把其他民族、广阔地域纳入现在这个中国里面来，因此，我们是一个非常复杂的多民族的国家，文化非常复杂和多样。因此，在近代中国，出现了转型和认同的双重困难。

特别是历史上，中国在很长时间，总是"在传统里面变"，主流文化始终还是在汉族文化传统系统里面作调整。这是因为在古代中国，无论是佛教、三夷教、伊斯兰教，还是明清天主教，始终没有任何文化可以挑战和超越中国文化，所以，变化都是在传统内部的调整、适应、改革、变化。但是，到了晚清，由于坚船利炮、西力东侵的原因，中国不得不"在传统外变化"，不得不越出传统，文化就面临危机。经历鸦片战争、太平天国、甲午海战、义和团之乱，中国不得不从"传统帝国"转变成"现代国家"，不得不从"天朝上国"变成"受辱弱国"，世界从此不再是"普天之下，莫非王土"。

大家看看这个图，是大清帝国的护照。有护照，说明国家有边界，就不再是无边帝国了。李鸿章说，中国正经历数千年未有之巨变，这种大变局的关键，就是1895—1919年。大家可能习惯接受1840年鸦片战争，中国就进入近代这种看法。可是从文化上来说，没有任何一个震撼，可以超过1894年的甲午海战和1895年的《马关条约》。1894年中国被日本打败，才使得中国从上到下极度震撼。过去中国被英、法、德、俄欺负，中国人还没有那种深入骨髓的屈辱

清光绪二十四年（1898）的护照

感，这次被日本打败，上上下下才开始剧烈转变。所以中国整体的从传统内变改到传统外变，这是在1895年之后。从1895年到1919年，这是中国思想和文化转型最重要的时段，在这个时段你会看到很多变化，比如：皇帝变成了总统，清帝国变成了五族共和的民国，传统帝国不得不变成现代国家；废除科举，兴办学校；开设议会，建立政党；剪去辫子，穿上洋装；不再叩拜，改成握手；妇女解放，男女平等；破除迷信，崇尚科学；解开束缚，走出家庭；签订条约，万国平等。以前所谓的"三纲五常"变了，变得很彻底、很厉害。因此，中国人从此处于一种焦虑和紧张的心态之中。这一百多年里面，中国人的焦虑和紧张是不得了的，就连排队赶一个公交车都怕赶不上。毛主席说，"一万年太久，只争朝夕"，又说，"落后是要挨打的"，要"超英赶美"，好像非常着急。我觉得，现在已经很少有从容气度了，大家都着急，都紧张，都焦虑。就连现在大学里讲创新，有人也说，我们现在被"创新"这条狗追得连撒尿的时间都没有。可是，以前那种很从容、很自信、很安定的样子已经很难看到了，从容变得不合时宜。这种焦虑是从晚清开始加速度的，美国学者史华兹写了一本书讲严复，题目就是《寻求富强》。"富强"是中国这一百年来的主题，也是一百多年来的动力，当然，令人遗憾的是，很大程度上，"强"往往才是中国政治家最重要的目标。

因此，刚刚我们讲的文化的五方面就出了问题。

四

我们先看第一个，通过汉字思维与表达。

虽然中国仍然在用汉字，但现代汉语发生了很大的变化。今天的汉语不仅受到元朝、清朝时期语言的冲击，更重要的是有了三个很大的改变。

首先，五四新文化运动提倡白话文。提倡白话文无疑是非常正确的，因为要普及识字率，提高国民的文化程度。但是，也出现了新旧文化断裂，以前的书面语言，也就是文言，它代表典雅、礼貌和尊严，也代表着有教养、有文化的表达，现在不再有了。当以前的口语变成书面语言之后，使得雅言和俗语失去等秩，同时也使雅、俗不再有分别。我不知道大家现在有没有这种感觉，自从白话文成为主流之后，写信已经不再有典雅方式了，电脑普及、网络流行之后，所有的文化格调都没有了。比如说，学生给我写信也不署名了，最后来一个"呵呵"，雅俗之间已经没有区别了。其次，现代汉语羼入了太多现代的或西方的新词汇，这些词汇进来以后，使得我们通过语言感知的世界已经变了。我有一个切身感受，我当年当农民是在苗族地区，除了一位生产队大队长懂汉语，所有人都不太懂汉语。很长时间里面、苗族人表达他们的生活世界，苗语是足够的，可是解放以后，尤其是"文化大革命"之后，他们的苗语不够用了。"最高指示""毛主席""大寨""工分""文化革命"这些新词汇，苗语里面原来没有，于是苗语就不断掺入很多汉语词汇，再表达出来，新一代苗族人感受的和表达的世界，和原来的苗族人就不一样了。现代的中国人也一样，通过已经改变的现代汉语，理解、想象和表达出来的世界也和过去不一样了。再次，特别是20世纪50年代以后，中国提倡简体字，使得文字和原来的形象之间距离更拉大了。说老实话，繁体字和原来的字形、字义关系更加紧密一点，简体字方便学习，但是离开原来的"形"，越来越像抽象符号，传统汉文化里面，通过形象的文字思考、书写和表达的这个因素就发生了问题。

接着，第二个，家、家族、家国，以及儒家学说，也出现了问题。虽然现代中国尤其是乡村仍然保持着一些传统家庭、家族组织，中国人至今还是相当看重家庭、看重亲情、服从长上，但是，毕竟家庭、社会和国家的结构关系变化了。今天的中国，拥有了太多的现代城市、现代交通、现代通信、现代生活，这已经瓦解了传统文化的社会基础。现代的城市、交通与媒介改变了人际关系，现代的法律又规定了男女平等、一夫一妻和自由结婚离婚，过去那种密切的、彼此依赖的邻里、乡党、家族关系，已经在现代化过程中逐渐消失了。特别是几亿农民工离开乡土，进入城市，使得过去那种乡村社会发生巨大变化。我不知道现在所谓"内外有别""长幼有序"还剩下几成。由于人口流动，越来越多的小家庭，那种复杂的亲属称谓，也没有什么意义了。独生子女，连姐姐、妹妹、哥哥、弟弟都没有了，一家只有一个，还有什么要区分的呢？因此，建立在传统社会基础上的儒家家族伦理与国家学说，也逐渐失去了社会基础。大家知道，儒家学说里面的国家关系，是以君臣或父子为主轴的，可现在是民主社会了，你也不能这么讲了。儒家学说的社会基础便出了问题。

第三个，再说中国的信仰世界，也从根本上改变了。自从晚清以来，儒家在西洋民主思想的冲击下，渐渐不再能够承担政治意识形态的重任，佛教与道教也在西洋科学思想的冲击下，受到"破除迷信"的牵累，逐渐退出真正的信仰世界。现在说老实话，信仰世界和过去越来越不一样了。虽然还维持着三教彼此和睦相处的关系，但是，宗教一方面世俗化，不再神圣化了，二方面，我们看到佛教道教旅游化了，不再超越世俗之外了，特别是三方面，宗教还体制化了，都归宗教局管了嘛，不吃皇粮不行呀。曾经有和尚到处说，我是处级、局级，坦率地说，它已经在体制内了。宗教不能独立地承担信仰世界的责任，因此，传统的信仰世界也在危机之中。

第四个，阴阳五行，在科学的冲击下也越来越难以维持，它在现在已经不能完整地解释世界万事万物了。大家都知道，阴阳五行学说，除了在中医、风水、食疗等等领域还保存着，其他领域的一切都变化了。我经常和我的八零后、九零后学生说，你知道农历是什么历吗？很多学生都不知道农历是什么性质的历法，其实，农历不完全是阴历，也不完全是阳历，而是阴阳合历，二十四节气和十二月，其实是不重叠平行的。我们现在是2015年，可是，你们知道怎么用朔望和干支表达吗？五行更不用说了，所谓"天不变，道亦不变"，现在，好像天都变了，阴阳五行也只好退居边缘，在整个现代的知识系统里面，它已经退到了很边缘的地方。

第五个呢，"从天下到万国"，尽管天朝思维还残存，但基本的世界观念变了。现在我们知道万国平等、和平共处，大家靠"条约"来维系世界关系。晚清以后，西洋进入东方，不仅摧毁了原来中国的天下观念和朝贡体制，也重新界定了中国与世界各国的关系。尽管现在中国仍然残存着"天下王朝"的想象，但是古代传统里面的宇宙观、世界观、朝贡或册封体系，也完全不现实了。

这说明什么呢？说明中国文化——尤其是汉族中国文化——已经处在一个需要重新认识和重新理解、重新更新的时代。正是因为这样，我们说，一百多年中，虽然我们仍然在传统的延长线上，但也同时处在两难处境中。在这三个重要概念"国家""现代""文化"上，我们都处在两难境地，这是我们现代中国人非常尴尬的处境。

先看"国家"，一方面我们接受了西方现代以"民族"为"国家"基础的论述；另一方面，又在感情上倾向于中国历史上以"文化"为"国家"基础的现实。

再看"现代",一方面我们习惯把西方现代国家的法律、民主、科学看成是导致"富强"的必然的和理想的途径;另一方面又把西方列强看成是弱肉强食的野蛮行径,是导致中国积贫积弱的原因,觉得中国应当另辟蹊径走出一个新的现代。

最后看"文化",中国人认为我们就是东方文化,习惯说"中西",即使是"东西","东"也是中国。但这里有一个问题,中国和日本、韩国、越南,到底谁是东方文化代表?我们的文化是不是比别人的了不起?

五

我今天一再强调,我讲的是汉族中国的文化,所谓文化就是一些和其他民族不同的特点和习惯。各种文化没有高低,只是文明的程度不同。

我这里借用一位德国学者埃利亚斯的《文明的进程》里的见解。他在这本书里面提出,在理论上,我们可以把"文化"和"文明"做一个界定和区分。就是说,"文化"是使民族之间表现出差异性的东西,它时时表现着一个民族的自我和特色,因此,它没有高低之分,这只是习惯和特色。例如,我个子一米七几,男性,我不应当觉得,我比女性高明,也不应当觉得,我比个子比我矮的人高明,或者觉得比我高的人高明，文化只是一种特色，与生俱来，先天形成。而"文明"是使各个民族差异性逐渐减少的那些东西，表现着人类普遍的行为和成就。换句话说，就是"文化"使各个民族不一样，"文明"使各个民族越来越接近。不知道这个话大家能不能理解。他把这个"文化"和"文明"做区分之后，我们可以看到文化是没有高低的，但是文明是可以进步的。

接下来他又指出，"文化"是一种不必特意传授，由于耳濡目染就会获得的性格特征和精神气质，而"文明"则常常是一种需要学习才能获得的东西，因而它总是和"有教养""有知识""有规则"等词语相连。就好像说，我们性格很好动，我们经常拿着球来玩，这没问题，但是对不起，一旦你上了篮球场就不能用脚随便踢，上了足球场就不可以用手抱，很多人在一起玩就要有规则。虽然"文化"是让你随心所欲表现自己特色的，但"文明"是给你一些限制和规则的，就像跳舞，你如果要表现个性随便跳、乱跳，你就会踩别人的脚。在群体交往的社会中，交往必须有规则，而这个规则就要你按节拍跳舞。并不是说，按着节拍跳舞不好，这就是在规则中寻求自由。所以，我们不必对全球秩序恐惧，也不必觉得因此我们的文化就会被侵蚀掉。问题就在于，我们如何在文明和规则中，守护好我们独特的文化。有些人不能够区分文化和文明，他总是会说，坏了坏了，再搞下去我们的文化就没了。于是，他对全球化、对现代秩序、对交往规则都非常排斥，这是不对的。所以，我们要再次强调，文化是各个民族始终不一样，文明是使各个民族越来越一样，这二者应该保持平衡。

再接下去，我还必须说明，各个民族的文化往往是固守的，它表现出一种对异质文明的抗拒。毫无疑问，文明始终是在不断侵蚀文化，我们承认这一点，因为文明常常是在前进的，时时表现着殖民和扩张的倾向。也就是说，文化与传统有关，它是特殊的，而文明与未来有关，它是普遍的。这两者怎么协调？我们今天讲汉族中国文化的特点，那么，我们需要考虑的是，如何在一个普遍的、全球的文明规则下，既可以适应普遍规则，又能够保存好特殊的文化？比如说，我们在接受和赞美科学的同时，对于阴阳五行，能不能有一些历史的观察；又比如说，我们在接受普遍的法律和制度的时候，能不能对传统中国的家、家族、家国的伦理和道德准则有一点同情的理解。再比如，我们能不能在接受新的文明的时候，对传统宗教也能够有一些温情。同样，我们能不能够在接受万国平等、和平共处五项原则的同时，也能对中国人世界观的历史习惯有一点点理解。我本人是研究历史的，我一直认为，无论是文化还是文明，我们必须要在历史当中看。我们要承认历史是变动不居的，我们回过头去看文化，面向未来看文明，我们对两者都要有同情。

这就是我今天要讲的内容，我想这五个方面应该算是汉族中国的文化，同时，这些文化现在正处于断续当中，我们每个人对它都有责任！

谢谢大家！

第四篇

什么才是好的学术书？

这是2021年4月在北京为社科文献出版社"鸣沙讲座"所作的演讲。原来有一个副标题"从学术史角度看"。

今天讲"什么才是好的学术书"这个题目，实在是阴错阳差。2014年，我在韩国的坡州给中国、日本和韩国的一些出版社编辑讲过一次"第一等的题目和第一等的图书"。讲座内容传回国内之后，据说还引起了一点反响，一些出版社的人跟我说，讲得很有意思，还比较切中出版社的问题。然后由于社科文献出版社的邀请，才有了这个讲座。我得先说明，我讲的只是一个大学里面的学者，尤其是历史学学者讲的内容，范围不可能那么广。

今天我要讲的内容包括三个方面。第一，什么是好的学术书，我会讲几个我认为的基本标准，每个标准我都举两个例子来说明。第二，从学术史的角度来谈一谈我的一些判断，在一个时代什么才是好的学术书。第三，从学术史的行情来谈一谈现在什么才是大家需要的学术书，希望出版社跟学界一起来推动出版适合这个时代的好书。

一

首先，什么是好的学术书。我觉得评价一部学术著作好不好，有三个标准。

第一，有没有提供新史料和新证据，如果提供了它就是好书。我在20世纪八九十年代做过一点佛教史的研究，现在回想起来，有两个例子印象非常深刻。

第一个是胡适对禅宗史研究的贡献。1926年，他在伦敦和巴黎看敦煌文献的过程中发现了有关神会的新资料，一下子改写了整个禅宗史。大家都知道，禅宗史最关键的一个时代或者说最关键的一个问题就是南、北宗在初盛唐之交发生的一场大转折或是说大争论。然后，六祖慧能取代了原来可能成为正宗传人的神秀。可是，由于胡适发现了有关神会的新资料，一下子就推翻了这个结论，并指出，神会才是中国禅宗史上最重要的人物，而且神会的出现，实际是整个中国佛教史或者说是整个印度佛教中国化的一个关键。胡适的《神会和尚遗集》当然是一部好的学术书，因为他拿出了新证据。

第二个例子是日本学者矢吹庆辉，他在敦煌文献中发现了一个叫作"三阶教"的佛教宗派。在他之前，这个佛教宗派在中国佛教史上完全湮没无闻。因为隋朝和唐朝都禁止三阶教，有关它的资料就逐渐湮灭了。所以，写中国佛教史，无论是中国的还是日本的，无论讲十宗还是八宗，都没有三阶教，好像这一段历史就被完全遮盖掉了。可是矢吹庆辉重新发现了三阶教，这给我们指出了一个很大的问题，原来中国史上也发生过残酷的宗教镇压。于是，我们才知道隋唐之际有一个特别兴盛，以至于政府不得不去镇压的这么一个宗教流派。他发现了这些资料当然是好事，他写的《三阶教之研究》当然是好书。

当然，好书是不是就百分百正确？也不一定。胡适也好，矢吹庆辉也好，都有遗漏和错误。我曾经写过文章，指出胡适的很多有关禅宗史的结论，包括对神会的研究都有错误。矢吹庆辉的三阶教研究也陆续被很多人指出有问题，比如日本学者西本照真就写过很多文章纠正矢吹庆辉的研究，美国学者杰米·胡巴德（Jamie Hubbard）还写了一本英文书，中国学者张总也提供了更多的新资料，包括石刻文献等。尽管有错漏，尽管有不正确，但胡适的禅宗史研究和矢吹庆辉的三阶教研究都提供了新史料、新证据，那就是好书。

所以，这里我要讲一句绕口令式的话：正确的书不一定是好书，不正确的书不一定就不是好书；平庸而无用的全面论述绝不是好书，深刻的片面有时候恰恰是好书，能够提供有用的新资料和新证据的就是好书。

为什么？因为胡适的研究不仅在禅宗史上提供了一个新的说法，而且提供了三个非常重要的启示。第一，禅宗自己写的禅宗史书都是攀龙附凤，追寻正统的，是给自己涂脂抹粉，塑造一个正统的历史脉络。第二，所有这些伪造的禅宗历史都是在宋代出现的。第三，一定要在禅宗之外去找别人的史料来研究禅宗，因为它自己说的话不能作为证据，这个很重要。而矢吹庆辉的研究尽管还有遗漏，但是也给我们提供了一个非常重要的启示，就是说千万不要以为中国历史上宗教之间都是和睦的，我们过去都以为宗教跟政治和谐相处，然后三教合一，其乐融融，其实不是的。

另外，能提供新资料和新证据，特别是所提供的恰恰是最关键的那一部分，能发掘历史大关节的，就更是好书了。让我举两个简单的例子。第一个就是日本学者桑原骘藏，他的《蒲寿庚考》，我认为非常好，因为他提供的关于蒲寿庚这个人的新资料和新证据，恰恰是中国历史上一个非常关键的问题。蒲寿庚是一个来到中国的阿拉伯人，南宋时期他在中国泉州的市舶司（类似于现在的海关）当主管。后来蒙古人打来了，他投降了元朝。蒲寿庚这个人在中国历史文献里面的资料极少，几乎找不到。可是，桑原骘藏根据他发掘到的各种文字的资料重新描述了蒲寿庚的一生和他的事迹。他讲了三点内容，都是历史的关键问题。第一，中国到了南宋，确实像学者刘子健说的，面向东南，背海立国，向外的主要窗口就三个：广州、泉州和宁波。第二，他通过蒲寿庚这个阿拉伯人，证明了南宋时期实际很开放，有很多外国人住在中国，比如说广州。当时的中国人也常常跟外国商人出海远航，所以千万不要把南宋看得那么封闭。第三，也是最重要的一条，从蒲寿庚的事迹可以看到，这些阿拉伯人不像汉人对南宋朝廷那么忠诚，或者说对中国的认同度绝没有那么深，蒙古人来了马上投降，这一点非常重要。这本书在中国学界引起了很大的反响，汉文史料里面找不到太多的蒲寿庚的资料，可是它就能提供新资料。

还有一个例子，是加拿大学者卜正民（Timothy Brook）的《塞尔登先生的中国地图——香料贸易、佚失的海图与南中国海》（*Mr. Selden's Map of China: The Spice Trade, a Lost Chart and the South China Sea*）。他这本书非常有用的地方，就是通过明末一个中国商人在印度尼西亚的万丹画的一张以南海为中心的地图，给我们提供了三点很重要的启示。第一，它打破了以中国为中心的空间想象，这个地图不以中国为中心，而是以南海为中心，把南海周边的国家或地区如东北亚的朝鲜、日本，中国的东南部，然后是琉球、菲律宾的加里曼丹岛，一直到苏门答腊、马六甲、马来（现在的马来西亚），然后是暹罗、越南……都标出来了。第二，它说明了明代中后期，沿海的中国商人有多少世界知识，他们最熟悉的空间在哪里。第三，现在全球史特别热，这本书、这个地图给我们提供了一个跨区域、跨国家的重写历史的契机。

好的学术书的第二个标准，是提供新思路和提供新概念。说起中国的历史学者，我们最容易想到的就是陈寅恪先生。他在《唐代政治史述论稿》中提到一个大家都熟悉的概念——"关中本位"，就是说从北周到隋唐，政治舞

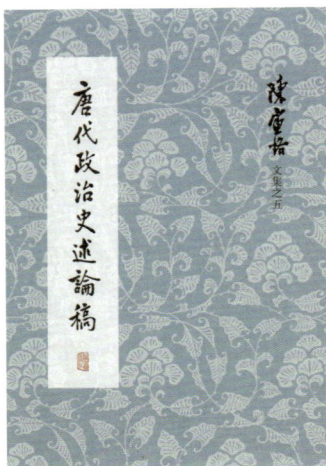

陈寅恪《唐代政治史述论稿》书影

台上的核心人物都是关中人或陇西人，像弘农杨氏、陇西李氏等等，一直到武则天时代这个情况才有所改变。也就是说，陈寅恪改变了过去以山东、江左为中心的政治文化史的描述。陈先生用的史料都是旧的，但他的概念是新的，虽然他提的这个概念也不一定都对。黄永年先生就批评"关中本位"这一说法，他有本书《六至九世纪中国政治史》就批评这个概念。但大家要记住，被别人不断地追着去批评，恰恰说明你提出的概念有力量。陈寅恪先生提出的"关中本位"这一概念，现在仍是整个中古史研究的话题，因为它刚好联结了中古史最重要的几个概念：第一个是族群，第二个是地域，第三个是家族，第四个是政治。现在我们研究中古史还是围绕这几个重要因素，陈先生很了不起。

另外的一个例子，是何炳棣先生的《明清社会史论》。他用历史学加上社会科学的方法讨论中国历史上的科举和社会流动，说明因为有科举，明清时期中国社会的流动就比欧洲社会要强得多。后来的美国学者，包括郝若贝

（Robert Hartwell）、韩明士
（Robert Hymes）和艾尔曼
（Benjamin Elman）等，都
在追着这个话题跟他反复辩
论，这说明他的这个说法很
重要。这些争论的焦点在于：
第一，科举真的能造成传统
社会的社会流动吗？第二，
影响身份改变的范围应当只
算直系亲属还是旁支几代？
第三，中国和欧洲的社会流
动真有那么大的差别吗？

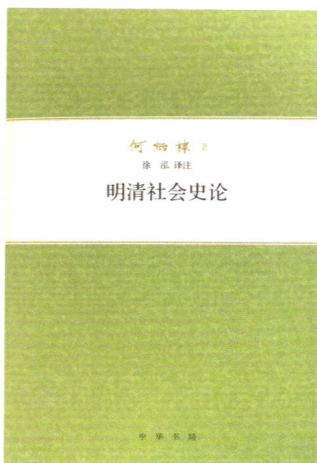

何炳棣《明清社会史论》书影

新思路和新概念就像聚光灯，打到哪里就亮到哪里，
吸引大家不由自主地跟着关注、跟着讨论，不管他是对是
错，都刺激你去想新问题和新领域。我认为，有争议、有
反响的书，总比水花都溅不起来的书要有价值。我个人比
较熟悉日本学界，比如内藤湖南的"唐宋变革论"，丸山
真男的"忠诚与反叛"，都提出了最关键的新概念，因此
就非常重要。可是我们想一想，我们市面上的学术书，有
多少能引起争论的？好像90%的书出版了以后就基本等于
化成纸浆。

第三个标准，我觉得最好的书，就是能给学界提供典
范、提供方法，它不仅能在本专业领域产生影响、提供启

发，而且能给其他领域也提供样板，让你能跟着这个方法来做。这里我也举两个例子。第一个是王国维，他的《殷卜辞中所见先公先王考》和《殷周制度论》都是最具典范的研究，激发了后来说的"两重证据法"。我在日本发现了王国维送给内藤湖南的最初手稿，而且是把《先公先王考》和《殷周制度论》合在一起的，这说明他前面的考证实际上背后有大想法，《殷周制度论》大体就是《先公先王考》的结论部分。这就涉及一个中国历史上最关键的问题。我们知道，自从殷商转化为西周，确立了嫡长子继承制度，中国的礼制最终得以完成。殷商的时候还有兄终弟及，还有旁系继承，但到了西周，确认了皇位继承必须是嫡长子，后来才有了中国历史上种种复杂的事情。除了宗

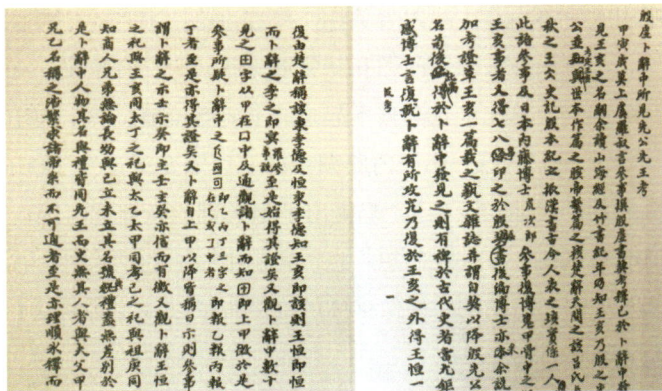

笔者在日本发现的王国维赠内藤湖南之《殷卜辞中所见先公先王考》最初手稿

法制度之外，比如说宋代的濮议、明代的大礼议，其实都是因为嫡长子继承制。所以，王国维的研究作为两重证据法的代表，大家都记住了，我们必须把地下出土的东西跟地上传世的文献结合起来，这是一个学术典范。

另一个典范是竺可桢。现在研究全球史的人都非常注意气候变化，而中国最早注意气候变化的就是竺可桢。他当年关于中国五千年气候变化的研究可以说奠定了一个学术典范，用考古加上物候（即不同季节的自然物种的变化，比如动植物的反应），再加上文献记载，三者结合，讨论历史上的气候变化。当然，再接下去就是气候变化给历史带来了什么，竺可桢没有再往下讲。一直到现在，如果大家注意一下《气象学报》等自然科学杂志，仍然可以看到竺可桢的研究还在不断地被讨论，而且还是竺可桢的那个模子。

所以，所谓典范研究，就是规定了这个主题讨论的框架、方向和理论。可是，我们现在很多学术书，就好像是社论、教科书、概论或是高考作文题，既没有新资料，也没有新思路，更不要说新典范。

关于研究典范，其实我们还可以举很多例子。比如说讨论现代化，能绕得过韦伯（Max Weber）的《新教伦理与资本主义精神》吗？讨论文明冲突，能离得开亨廷顿的《文明的冲突与世界秩序的重建》吗？这都是典范。

二

下面讲第二个问题。上面我们讲的那些标准都是永恒的，但一个时代有一个时代的学术，所以，我们还要从学术史的角度来看看，什么是好的学术书？

大家可能都知道陈寅恪先生在陈垣《敦煌劫余录》序文里的一段话，即学术要"预流"的问题，他说："一时代之学术，必有其新材料与新问题。取用此材料，以研求问题，则为此时代学术之新潮流。治学之士，得预于此潮流者，谓之预流（借用佛教初果之名）。其未得预者，谓之未入流。此古今学术史之通义，非彼闭门造车之徒，所能同喻者也。"更通俗一点讲，"未入流"就是不入流。

当然，陈寅恪先生并不是要追赶潮流，他是说，每个时代的学术都有它的特点，都有它的问题，有它的关注核心。以前我看董桥写的散文，董桥讲过一段非常调皮的话，他说：穿十年前的衣服是邋遢，穿三年前的衣服是落伍，穿一年以后的衣服才是时尚，但穿十年以后的衣服是怪异。所以，做学问一定是只能走在时代话题和当下学术潮流的前面一点。只有这样，你的问题才会有人跟你讨论，才会有人响应，才会有人理解。特别是现在的全球化时代，在国际大学术环境里面，你不能关在门后耍大刀，躲进小楼成一统，那肯定是不行的。

所以，我想以20世纪学术史为例，谈一谈在20世纪学术主流是什么，为什么那个时候这些算是好的学术论著。

　　20世纪，中国学术变化有四个特征。一是时间缩短，把传说、神话从历史里面驱逐出去，这是20世纪中国历史学的一大贡献。二是空间放大，不再局限于汉族中国或者核心王朝的那个范围，而是把历史视野扩大到满、蒙、回、藏、朝鲜，甚至整个亚洲和世界。在这一点上大家都知道，敦煌文书的发现，给我们提供了很多这样的刺激。三是史料增多，"四大发现"或"五大发现"，引出和刺激了很多课题。所谓"四大发现"，即甲骨文、敦煌文书、居延汉简，还有大内档案。如果再加上胡适在1938年所说，一定要关注日本和韩国保存的中国文献，就是"五大发现"。这"五大发现"再加上历史学视野发生的改变，使得我们对档案和史料的理解发生了很大变化。很多原来不被认为是史料的东西，都被大家关注。这就包括刘志伟教授经常关注的那些，原先被认为是民间的、边缘的或者是很普通的东西，现在都变成了重要史料，而史料增多就刺激出很多新问题。四是问题变得复杂，各种理论从东洋来，从西洋来，使得有关中国和亚洲历史的解释变得丰富起来。过去王朝历史的循环史观、改朝换代，就很简单。但到了20世纪，唯心主义的历史观、唯物主义的历史观、进化论的历史观，包括殖民主义、帝国主义、农民起义、让步政策、资本主义萌芽等一大批理论来了，问题变得越来越复杂，所以历史也就更加丰富。

这个基本上应该说是20世纪，尤其是20世纪上半叶历史学的大变化。需要注意的是，实际上，中国历史学的大变化，是受到19世纪到20世纪的欧洲东方学和日本东洋学的巨大刺激的。

19世纪到20世纪的欧洲东方学和日本东洋学的新变化，可以归纳为五个方面：

第一，超越汉族中国空间的西域（中亚）和南海（东南亚）之学。由于史料与空间扩展到中亚、蒙古、满洲、西藏、东南亚这些地方，所以学者就不得不去了解亚洲各种语言文字，各种语言之学跟历史之学也就密切地结合在一起。

第二，超越精英文化世界，走进底层的宗教和社会，这个很重要。尤其是欧洲的东方学，它的一个来源是传教士，跟一般的书斋学者不同，他们要走向基层，走向社会，走向民间。像高延（Jan Jakob Maria de Groot）、禄是遒（Henri Doré）对中国民间信仰的研究，沙畹（Édouard Émmanuel Chavannes）对道教泰山投龙简的研究，葛兰言（Marcel Granet）、马伯乐（Henri Maspero）等对先秦社会与道教的研究都跟我们过去的研究是不一样的。

第三是中国与外部世界之交往。因为东方学和东洋学的学者都不是中国人，他们特别关心更大范围的中国与周边，不必把自己的事业局限在中国这个小空间里，所以，中国文献里的旅行记、出使行纪、诸蕃志、殊域志、航海记录等都特别受关注。像有关《岛夷志略》《长春真人西游记》《真腊风土记》这一系列中国和周边关系的书籍的研究，都是他们先做的，而不是中国人先做的。

第四是田野调查和遗迹发现。如贺昌群所说，19世纪末到20世纪上半叶，基本上是一个所谓"发现的时代"。大家看到像法国人沙畹和谢阁兰（Victor Segalen）、瑞典人喜仁龙（Osvald Sirén）、英国人斯坦因（Marc Aurel Stein）、美国人弗利尔（Charles Lang Freer）这些人，中国很多佛教、道教和建筑史上的重要依据都是他们发现的。他们留下了很多很多的田野调查和遗迹考察的资料，这才刺激了我们。比如说梁思成的著作就提到过，这些对遗迹的发现，前面全是欧洲人和日本人在做，极大地刺激了他。

第五是超越经典文献，注重边缘资料的发现，包括西域、南海的资料，敦煌文书和民间文献，民族语言的文献（如蒙古史）。这都是他们先做起来的。

在这五个重要趋势的刺激下，中国学界才出现了我们刚才说的那些变化，这就是当时的国际大潮流。为什么这个取向会成为学术潮流，会成为主流？一方面，当然应该承认这是因为近代欧美的强大，他们的学术取向成了潮流。另一方面，确实是东方人研究东方缺乏这种探索，中国人和日本人研究中国历史，常常习惯于局限在二十四史，《资治通鉴》《史通》这样的经典文献上面，而不像他

沈曾植

们有那样的关注。

19世纪后期到20世纪初期，欧洲东方学刺激了日本的东洋学，而日本的东洋学又在20世纪初期强烈地刺激了中国的学术转型。这是一连串的变化。所以说，为什么整个20世纪的中国学术，梁启超、王国维、陈垣、陈寅恪、顾颉刚、傅斯年这些人是主流。当然，现在也有很多人在发掘没有被纳入主流视野的一些学者，这很好，发潜德之幽光，这是应该做的。但是回顾学术史，20世纪他们就是主流，这是为什么呢？就是他们"预流"，也就是进入了国际东方学主流的问题、领域和方法。可以举一个最保守的人的例子——沈曾植，他当时被认为是政治上保守的人。但沈曾植曾说，现在我们中国人能对世界学术做什么贡献？"若条支后裔之西迁，若帖木儿后王之世系，若月支西域之分布，若案达罗、俱兰、中印南印之兴衰，但得欧籍参证吾国史书，固尚有未经发挥之佳义，可以贡诸世界也。"就是说，我们中国人在这些方面也可以给世界做出贡献，这些都是当时最前沿的学问。连中国偏保守的学者也认为应该介入，不然没法跟世界对话。所以，陈寅恪先生讲"预流"是很重要的。我们现在强调做学问不能只自己跟自己玩，要跟国际学术界保持对话，就是这个道理。

陈寅恪在王国维文集前面曾给王国维写过一段话，他说王国维的了不起在哪里，其实就是三句话。第一，"取地下之实物与纸上之遗文互相释证"，就是两重证据法。第二，"取异族之故书与吾国之旧籍相互补正"，就是要看各种不同文字的文献——异域文献。第三，"取外来之观念与固有之材料互相参证"，这就是说不能够只固守在自己的传统观念里面，要接受外来的新观念，然后跟原来的旧材料互相结合。我认为这三句话再准确不过了，这就是王国维了不起的地方，也就是20世纪学术史的大潮流。在这个大潮流里面写出来的就是好书。

所以，当时像沙畹、伯希和（Paul Pelliot）的《摩尼教流行中国考》，桑原骘藏的《蒲寿庚考》，陈垣的《元西域人华化考》都是好书。而且，如果看当时外国人对中国学术论著的关注，我们注意到书评最多的一个是陈垣的《元西域人华化考》，还有一个是顾颉刚的《古史辨自序》，他们就认为这是好书，因为它代表了中国对古代历史观念的一个巨大变化。

三

那么第三点，现在国际学术的走向是怎样的？我不敢瞎说。我跟刘志伟教授可能有一个共同经历，2011年春天在上海浦东，哈佛中国基金会开了一个会，会上大家都在讨论，什么是现在研究中国最重要的关键词。这个会后来又开了两次，我的印象是，大家共同留下来的关键词，包括"边境与疆域（领土）、中心与边缘、离散与比较、认同与背离、国际化与本土化、帝国与国家、民族或族群、（跨语际）交流与翻译、纠缠/交错的历史"，这些是当时讨论的结论，就是说，这些话题是国际学术界应该共同关心的，不管是中国学界还是美国学界，还是日本学界。

现在已经到21世纪的第三个十年了，那么，什么才是国际学术界会关注的大话题呢？以前杨联陞先生讲过一段话，他在《书评经验谈》里说，做学术最重要的一条是要懂得"行情"，这跟做商人是一样的。以我个人的一点经验来揣测一下，大家有没有注意到，最近这十年，也就是从2010年以后，世界史的书特别受欢迎，出版得特别多。

比如理想国的M系列，社科文献出版社的甲骨文品牌就出版了很多，也很受欢迎。为什么这十年来全球史、世界史的书，那么受欢迎？我觉得这背后实际上隐含了一些对中国的思考。当然，这些书比较会讲故事，有世界的眼光，而且敢于想象和推论，书写的东西让我们觉得很陌生，陌生就会有新奇感。除此之外，其实很大程度上，是来自中国人对中国的焦虑。大家可以看到很多这样的书，其关注点特别引人注目。比如说，纳粹时代还会再来吗？异域是不是有跟古代中国一样辉煌的文明？世界上各种帝国为什么会有兴衰？都是这样一些问题，其实都不是思考世界，是通过世界来思考中国。可是，我们有一个很悲哀的现象，何芳川先生曾说，中国历史学界的现状是，没有世界的中国史和没有中国的世界史。现在的历史学学科设置里，世界史跟中国史分成了两个一级学科，结果是"铁路警察，各管一段"，这是很奇怪的事情。

中国史和世界史之间真的有那么深的鸿沟吗？我看不见得。社科文献出版社曾经出版过一套非常有名的于尔根·奥斯特哈默的"19世纪史"三部曲。有一年我到奥斯特哈默家去，在德国的弗莱堡，他拿出来三本书——范文澜的《中国通史》、陈旭麓的《近代中国社会的新陈代谢》，大概还有徐中约的《中国近代史》，他问我，中国学者对这三本书的评价如何？怎样把这些内容纳入全球史？我很感慨，奥斯特哈默是世界知名的全球史研究者，据说德国总理默克尔在生病住院的时候都在看他的书。他作为一个全球史的研究者，那么关心中国，我们中国史的学者为什么不可以关注世界？所以，我想简单举两个例子，假定说我们能够调整我们的方向，改变我们的研究角度，把中国带进世界，把世界带进中国，也许我们的中国史研究可以有一些新的成就，有一些新的看法。

第一个例子是公元663年的白村江之战。我在国内的论著中，只看到北大的王小甫先生曾经对它有非常重点的评价，但很多学者可能觉得，这场战争在唐代不算是什么大事件。唐太宗、唐高宗两朝逐步把西边北边的突厥、吐谷浑、吐蕃的问题解决了，转过身来就把东边的事情收拾收拾，这在唐史里面没多重要。所以，如果你只是站在中国史的角度写这场发生在663年朝鲜半岛的战争，它就是一个不起眼的事件，因为《旧唐书》的《高宗本纪》《东夷·新罗传》都没记这事儿，而《新唐书》的《高宗本纪》也就一句话。可是，如果你是朝鲜人或者韩国人，就会认为这场战争开启了朝鲜的唐风时代，也就是整个朝鲜的中国化。因为新罗通过这一仗，渐渐统一了整个朝鲜半岛，但它是依靠唐朝军队的帮忙，于是它就拼命地唐朝化。也就是说，朝鲜半岛因为这场战争而整个地中国化。然而，这一场战争对日本更重要。日本学者研究白村江之战的著作非常多。这场战争正在"乙巳之变"到"壬申之乱"之间，有人说是所谓"韩政"时代，这一战也促使日本形成了比较成熟的古代国家。当时，天皇邀集了各种各样的贵族军队来帮忙，结果，这场战争的彻底失败削弱了贵族的力量，日本天皇的称号和国号都是在这个时代形成的。但同时，因为贵族参与了这场战争，天皇不得不向贵族让步，于是，古代日本就无法形成像中国秦汉以后的郡县制，而必须是封建制，贵族各拥有一部分权力，所以，最终形成了所谓的律令制国家和贵族制国家的纠缠，这对日本来说是非常重要的。

可是，如果我们放宽中国史的视野，把白村江之战放在更大的区域背景下去讨论——也许可以说，白村江之战是决定东北亚历史走向的一场战争，这样或许会解释出一些新的内容来，更何况，如果中国学者能够运用韩国、朝鲜、日本的史料，对白村江之战细节的了解就会更加详细。

第二个例子，是9世纪日本和尚圆仁随遣唐使到中国求法，他写了一部日记体的书《入唐求法巡礼行记》。这部书有很多人研究，研究它的日本人更多，可是为什么我们说哈佛大学教授赖肖尔（Edwin O. Reischauer）的研究特别有意义，他的《圆仁唐代中国之旅》（*Ennin's Travels in T'ang China*）是一部好的学术论著？因为赖肖尔在世界史范围内，做了一个非常好的解释。他指出，第一，对于全世界尤其是西方世界的人来说，大家都知道《马可·波罗行记》是世界名著，马可·波罗在中国旅行是世界史上最重要的事件之一。可圆仁在中国的旅行比马·可波罗要早4个世纪。而且第二，马可·波罗只不过是一个异域之人跟随蒙古人来中国游历，他根本不可能真正深入地了解中国，因为他既不懂中国话也不懂汉文。可圆仁不一样，他不仅通汉文，用汉文写作，而且他还是一个佛教徒，跟中国文化有密切的联系，所以他对中国的理解要深刻得多。更重要的是第三，圆仁亲历了9世纪世界史上罗马帝国和隋唐帝国的衰落期，这对于世界史来说实在太重要了。尽管后来的蒙古时代也很重要，但是这个时代有一个特别的地方，两大帝国在9世纪上半叶同时发生了对宗教的迫害，圆仁刚好碰到了唐武宗灭佛。在赖肖尔看来，灭佛这件事跟当时唐帝国的衰落是相关的。正是在这个时候，拜占庭帝国发生了利奥三世和利奥五世破坏圣像运动。因为拜占庭帝国在阿拉伯人的威胁下，领土逐渐缩小，原来占有土地的传教士纷纷回到拜占庭帝国，他们拥有大量的财富，又老是干预政治，所以就使得利奥三世和利奥五世采取激烈的手段打击宗教。这件事也跟东罗马帝国的衰落有很大的关系。而圆仁亲历了那个变动的大时代。赖肖尔的解释，使得对《入唐求法巡礼行记》这本书研究得非常透彻的日本人也大为叹服，他能把这个事情放到那么大的视野里去研究。所以，能够有宏大的世界史的视野，又对一个事情做精细的研究，这就是好的学术论著。

所以说，什么才是好的学术论著？一个时代有一个时代的好的学术论著。从学术史的角度讲，你要了解这个时代的学术潮流、学术前沿，然后才能知道什么是这个时代需要的好的学术论著。我们经常讲，博士生有一个大问题，就是不会选题，他们就好像套模子似的，老师做什么他也做什么，老师怎么做他也怎么做。其实，选题最重要的就是要判断学术界的潮流，像杨联陞先生讲的"行情"，或者像陈寅恪先生讲的"预流"。所以，如果你去讲坛、课堂、会场和书店去看看，你就知道什么是好的学术书。

第五篇

最后的贵族：孔子的时代和他的理想

这是2008年3月在宁波图书馆"天一讲堂"的演讲，这是修订增补稿。

今天这个题目《最后的贵族》，是借用了最近朋友写的一本书的名字。我其实主要想讲一个问题，就是作为一个研究历史的人，是怎样理解孔子的理想和他的时代的。

在讲主题之前，我想说的一点是，这几年，孔子的命运有一种"咸鱼翻身"的感觉。大家都知道，在传统时代，孔子当然是伟大的至圣先师，他的语录被反复地背诵，他整理过的经典是被当作科举考试标准教材的，大家都必须读。孔庙里面供奉孔子和他的弟子，孔子后人过着非常贵族化的生活，地位是非常崇高的。可是，到了晚清，尤其是"五四"，孔子的地位一落千丈。自从"五四"要"打倒孔家店"，一直到"文化大革命"时期批孔，孔子一下子就变成坏人了。但是，最近这些年，孔子的地位又开始上升。2006年9月28日，曲阜的孔庙进行祭孔大典，中央电视台用了4个小时进行现场直播。政府也把孔子当作中国文化的象征，据说要在海外建造100个孔子学院，最近还颁布了孔子的标准像。大家都知道，过去只有伟大领袖有标准像，没想到孔子也有标准像。我有点不理解，孔子那个时代没有照相机，你怎么搞得清楚哪个是孔子的标准像？于丹在"百家讲坛"讲《论语》

《先师孔子行教像》（拓片） 唐吴道子绘

以后，出版的《论语心得》销售了几百万册，在我们学术界的人看来，这几乎是天文数字。我的一个朋友，北京大学教授李零写了一本书叫《丧家狗》，也是讲《论语》的，因为用了"丧家狗"作书名，很多人批判他，但是，他们连书的封面都还没好好看就批判。其实，"丧家狗"并不是诬蔑孔子，而是说"凡怀抱伟大的理想，找不到精神家园的，都是丧家狗"，而且孔子自己也用了"丧家狗"这个话，这在古书里有记录。

孔子地位忽升忽降，大家都希望有一个标准的孔子，可是，到底哪一个是真孔子？其实都在想象，就像西方人说的，一千个人就有一千个哈姆雷特，我们要强调的是，不同的时代对孔子的理解和想象也是不同的。作为一个研究历史的人，我有责任讲的是，最好先回到他的那个时代，再去理解孔子和他的思想。

在这里我顺便说一下，我们都知道孔子代表了中国传统文化很大的一部分，但并不是代表了全部。以我个人理解，中国传统是很丰富的，不是儒家一家、孔子一个人的传统。中国文化里既包括了儒家文化，还包括佛教、道教的文化，甚至还包括了异族异域的文化，这才是中国丰富的文化传统。而作为一个旧文化和旧传统，这些东西对于我们今天来说，它的作用是什么呢？它的作用其实就像面前有了一个大仓库，东西都放在仓库里，它就是庞大的资源。传统和文化，作为巨大的资源库，它跟我们今天是什么关系呢？我想，旧资源变成新力量，要经过两个重要的环节，第一就是当下我们面对的问题是什么，我们的社会情况是怎么样的，我们处在什么样的背景中，这个背景决定了我们去仓库拿什么。换句话说，今天去传统文化资源里面动手动脚找东西，就好像我们根据需要去仓库里下订单，不可能是什么都拿出来的，下了订单，还不能直接用，还必须经过再解释、再创造、再加工，才会变成跟我们今天的生活息息相关的新文化和新传统。我一直强调，从旧传统到新传统，从旧文化到新文化，要经过资源、选择、再解释这一系列的环节，才能由旧变新。

孔子也是这样。因此我的责任就是跟大家讲，孔子是怎么样的人，孔子在他那个时代是什么样的。

一

我今天讲孔子这个人，用了一个尼采式的标题："瞧，那个人是孔子！"

孔子当然是个伟大的人物，他的言论收在《论语》里面。除了《论语》，最重要的资料是《礼记》和《史记》里面的《孔子世家》《仲尼弟子列传》这两篇。那么，孔子是什么样的人呢？

我首先要说，孔子是一个具有很高的贵族修养的人。对于孔子本人的言行，记载最清楚而且最可靠的，是《论语》的第十篇。这里面记载说，"乡人傩，朝服而立于阼阶"。意思是说，如果乡人参加祭祀活动，孔子就会穿很正式的、整整齐齐的衣服，站在台阶上，表示对这个祭祀仪式的庄重态度。大家知道，古代乡人在一起聚会饮酒，是一个礼仪活动。在饮酒礼仪中，要拄着拐杖的老人出来后，他才能出来，拄着拐杖的老人还没有出来，他始终不能够先出来。他是很讲究礼貌的，他对乡人彬彬有礼。"疾，君视之，东首，加朝服，拖绅"，这句话的意思是，如果他生病，国君来看他，他即使有病，也要站在东边，然后穿着整整齐齐的服装，还要扎着绅带。下面一句，"君命召，不俟驾行矣"，就是说如果国君有命令要招他去，他不等马车备好就得去。君主的命令是很重要的，他是非常尊重这种上下秩序的。接下来看，"见齐衰者，虽狎必变；见冕者与瞽者，虽亵必以貌"，意思是看见一个在家里举行丧礼，穿着丧服的人，虽然平时很亲近，但是一定要变得很庄重；看见戴着冠帽的人和失明的人，虽然平时很亲近，但是脸色也必须变得庄重起来。显然，这是一个彬彬有礼的、讲究礼仪分寸的人。所以他说，他希望整个国家的民众，出门就好像要接待重要的宾客，使民众始终像处在庄严的仪式活动里一样。

即使在平时，孔子的言行举止也非常讲究，比如说他站，"立不中门，行不履阈"。在朝廷上，他是一个知无不言，但又很谨慎的人：对于下面的士大夫，说话很坦然，和颜悦色；对上面的士大夫或者国君讲话，不卑不亢，态度平和。面对君主，严肃恭敬，到了国君门口的时候，会战战兢兢，如履薄冰。大家都知道，孔子有一个很有意思的故事，他骂他的一个弟子，弟子白天睡觉，就说他朽木不可雕也，因为他是在不该睡觉的时候睡觉，他的生活没有秩序，没有按照大家认为合适的秩序来生活。如果我们剥离时代背景看，孔子是个什么样的人呢？我想，孔子就是一个讲究教养、讲究分寸、讲究秩序的人。

我这里多说一点，教养和分寸。这里我请大家务必注意，教养和分寸就是文明。我想借这个机会，讲一些学术界在讨论的问题，文化跟文明实际上是有区别的。文明在很大程度上就是有教养，有教养的意思就是，在一个群体社会里你要懂得遵守规则地生活。大家知道，一个群体社会，如果没有规则，大家都没有分寸就乱了。所以对文化和文明，我们在形式上要把它们区分开。文化是一些与生俱来的民族习惯，是风俗，而文明一个可以进化的，跟教养有关系的东西；文化使得各个民族跟别的民族不一样，文明使得这个民族和别的民族越来越一样；文化是常常不会变化，不会进化的，而文明可以进化。所以，在现在这个全球化的时代，一方面，全球化背后当然有资本掠夺，有弱肉强食，有全球资本控制，强势国家对于弱势国家有压榨、欺负。但另一方面，全球化也使得大家不得不进入同一个规则，大家必须遵守一个秩序，这又是一个文明的发展。所以，文化和文明两者有时候是会冲突的。我们经常说，文明的社会，实际上是每个人戴上镣铐跳舞，按照节拍跳舞。如果说一个人在篮球场上用脚踢，足球场上用手抱，这样球打不起来，裁判也无法判。所以，实际上文明在很大程度上就是有教养，讲秩序，有分寸。孔子在某种意义上，就代表了他那个时代人们希望建立有秩序社会的理想。问题是，他的理想是按照他那个时代贵族社会的秩序制定出来的。他希望人们都按照有教养的贵族生活习惯和生活秩序去生活，去行事。所以他说，你不学礼，做人都不算，不学礼仪是不行的。所以我们研究历史的人常常讲，传统中国特色的文明，在某种意义上就是古代传统社会中讲的理智，做人不可以随心所欲，像动物一样地生活，做人就是要在群体生活中遵守一种文明的规则来生活。那么，为什么我们说孔子是希望大家按照贵族社会的生活秩序来生活呢？这是因为孔子所在的时代就是一个贵族社会，以贵族为主流的社会。

二

那个时代，理想的贵族生活是怎么样的？大家来看一下孔子的衣食住行。

先说"衣"。孔子这个人的衣服是什么样的呢？他私下里穿的衣服，不能用红色和紫色。夏天如果见外人的时候，尽管很热，穿着"葛服"（就是葛草编织的衣服），但是，一定要在外面加上一件外衣。在祭祀的日子里面，不可以脱衣睡觉，也不能够穿着祭祀时穿的衣服睡觉，一定要另加备衣，而且睡觉时脚不可以随意伸出来。如果别人家有人去世，去吊丧的时候，决不可以穿羔裘，也不能戴黑色的玄冠，即黑色的帽子。每到初一，一定要穿着正式的朝服去出席仪式。凡是斋戒、祭祀的时候，一定要穿着布做的浴衣来洗澡。所以，儒家的一个特点就是讲究穿衣。这是非常有特色的，一直到宋代，理学家穿的衣服还跟别人不一样。大家看《新定三礼图》里面的"士玄端"，儒家是非常讲究穿衣戴帽的学问的。不同的时候、不同的场

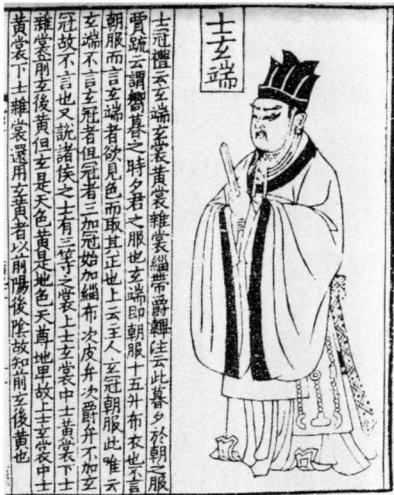

《新定三礼图》中的"士玄端"

合、不同的身份、不同的客人、不同的气氛，衣服都应当不同。因为，穿衣显示的是对别人的尊重。我们也可以说，文明就是从穿衣服开始的，最早的人是不穿衣服的，像亚当、夏娃，西洋人也是这样一个传说，可以不穿衣服的呀。可是，穿衣服的第一步是为了避寒，懂得了保护自己，但是，这时候仍然与野兽没有什么分别，也不过是为了生命的保存。第二步，这个衣服不仅要避寒，还要合乎身份，这就说明，人意识到自己是在群体社会里面的一个人。人是社会性的动物，他在这个群体社会中生活，他就要知道穿什么衣服合乎自己的身份。假定说他再上一层，知道穿衣服还要漂亮，那就到了审美阶段。而儒家就是这么一些讲究的人，所以大家看，儒家有一个特点就是讲究衣装。早期的儒家要戴一顶高高的帽子，叫章甫，而且还要拿着笏，扎着绅，即绅带，所以我们讲"绅士"，讲"缙绅"，都是与这有关的。汉高祖刘邦对戴"儒冠"的人很不尊重，把儒家学者那个高高的帽子取下来当尿壶，所以他是很有流氓气的。

对于儒家来说，衣服不仅仅是一个外在的装饰，而且对他的内心是有制约作用的。大家知道，如果你穿的是丧服，你就不可以喝酒，不可以吃肉，不可以随随便便去听音乐。并不是嘴巴不能吃，身上不能穿，是你这个丧服在限制着你，告诉你是处在一个特定的心情和环境下。这个道理很简单。比如说，你穿游泳裤在家里面，没有人去管

《寿栎庐仪礼奭固礼器图》中所载丧礼中使用的各种丧服，如绳履（草鞋）、削杖（木杖）、绖（一种丧礼上用的布带）等等。儒家对这些衣饰及其象征性很精通，而且这里面有很深的伦理内容。

你，可是，你不能穿游泳服上街。我有时候觉得，我们在这方面现在变得很奇怪，你看欧美人爱去听音乐会，尽管他们也不一定每个人都能听懂，但他们到音乐厅的人，统统是西装革履的。这个时候，就是场合要求人着装，虽然仅仅是着装，但它反过来意味着，在这个场合，穿什么样的衣服，是一个什么样的文化标志。音乐厅里的着装，是意味着在高雅地方听高雅音乐，自己也高雅了嘛！所以，儒家有一句话，"非不能也，服使然也"，意思就是说，不是我什么都不能做，都不敢做，而是我穿的衣服对我是有所限制的。所以，以前我们对有秩序的天下有一个传统说法，叫"垂衣而治"，就是说连衣服动都不用动，就可以治理天下。同样，"垂衣而治"的也可以靠一套象征，建立一套秩序，因为象征本身是有含义的，虽然象征是人创造的，但它反过来是制约人的。

接下来我们看"食"。孔子是怎么讲究"吃"的呢？大家可能都知道一句话，叫"食不厌精，脍不厌细"，好像是说孔子吃得好刁钻呀。其实，这个"不厌"的准确解释是"不求""不贪"的意思，他并不是尽可能地追求"精""细"。但是，孔子对吃确实是很讲究的，作为最后一个贵族传统的继承者，他有很多讲究。他说"肉虽多，不使胜食气"，就是说，肉虽然吃得多，但是不能够使它压住自己的"气"。但是，"惟酒无量，不及乱"，酒可以喝很多，但是不能够喝醉到胡说八道的程度。肉切得不"正"，不合刀法不吃，没有合适的酱不吃。市场买来的酒和肉不吃。吃饭的时候不要说话，睡觉的时候要安静入睡，不要唠叨多话。无论是好的饭菜，还是不好的饭菜，面对着它都要恭恭敬敬地吃。

这是他的"吃"。那么，他的"住"是什么样的呢？其实"住"也有很多规定的，今天我们就不多说了，因为现在已经找不到那个时候的房子实物，虽然也有考古发掘，但是还不能很细，所谓"登堂入室"的房屋，我就不说了。

最后，我们来看他的"行"。行当然是要坐车。古时候，有人曾经抱怨待遇不好，说"出无车"，但贵族士大夫出行要有车，孔子也算是贵族，出行是要有车的。不过，按照孔子的说法，君子坐车是有讲究的。如果女性坐在车上，这个君子上了车以后，"必正立"，一定要站着，而且要扶着那个"绥"。"绥"也就是那个防止人掉下车的绳子，因此一定要正立，并抓牢那个绳子。而且在车上，君子也不能四面乱看，按照朱熹的解释，在车上，如果妇人坐在后面，那君子就只能往前看，而且眼睛的光线不能超出车前的两边。

　　所以，作为一个贵族，这个"衣食住行"都是很有讲究的。孔子的绅士形象和他的秩序理想，是一个自从西周以来，在贵族社会中经过多少代，逐渐形成的这么一种生活方式和生活态度，而且这个生活方式和生活态度的背后，蕴含的是他对当时社会的一种等级秩序的确认，这造成了贵族生活的一种庄重感和分寸感。

　　一个社会如果不是有剧烈的动荡的话，绅士风度和贵族传统当然是有意义的。实际上说到底，它就是一种教养，文明是跟教养相关的。可是今天呢，我们还有多少绅士风度呢？老实说，作为一个学历史的人，我常常会感觉到，自从1840年鸦片战争，1894年甲午战争，1919年五四运动，一直到第二次世界大战，中国人的心理是在加速度地趋向紧张，这种趋向紧张的结果，是不可能容忍那种从容不迫的绅士风度的。可在某种意义上说，这个绅士风度和教养，又是必须的。否则的话，这个社会总是处在一种紧张、焦灼和动荡不安的状态中。你看我们现在，无论谁都是争先恐后的，"一万年太久，只争朝夕"，这是毛主席讲的，他又告诉我们，"落后是要挨打的"，接着再跟我们说，再落后要被开除出"（地）球籍"了。所以，中国人心里一直紧张，我们现在的状态就像是在长跑比赛里面，在不断加速度的长跑里面，人跟人的距离越来越大，有的人跑得快，有的人跑得慢。在跑得快和跑得慢的人之间，就会产生巨大的心理落差，它会产生很多心理问题。

所以，我有时候觉得，如果离开那个特定的时代背景，孔子所提倡的教养主义，尽管是那个时代可能很保守的贵族传统，但可能还是有一些意义的。

三

说到孔子，我要提醒大家，除了他很有教养之外，他也很有知识。

作为一个贵族的孔子，我们首先应该看到他这个人很博学多闻。我讲一些故事，这些故事不一定是非常可靠的，不过在古人对他的回忆和想象中，他是博学多闻的。当时鲁国有一个贵族，叫作季桓子。传说季桓子的家人在打井时挖出了一个土缶，里面有个东西，形状好像羊。季桓子听说孔子这个人很有学问，就故意来考孔子，他说，我们家打井挖出来一个东西，它像狗。孔子很诚恳地告诉他说，以我所知，恐怕不是狗而是羊。他说，古代知识告诉我们，木石之怪是夔、魍魉，水里面的怪是龙、魍象，土里面的怪就叫羵羊，所以，你那里恐怕是一个羊。可见孔子是蒙不住的，他有知识。我再举一个例子，据说当时的会稽，就是现在的绍兴，发现了大骨头，一个大骨头就有一个车那么大，就是不知道是什么。别人都不知道，可是孔子说，这是防风氏，也就是古代一个部落酋长的骨骸，因为防风氏就是现在所说的大人、巨人。别人都解释不了，但孔子解释了，尽管他是根据传说解释的。当然，我们根据现在的知识，也许不会相信孔子的说法，但是这说明他是很有知识的、很博学的。

还有一件事就是，一次，有一只大鸟掉落在陈国，身上有一支箭穿过，箭有一尺多长，前面的箭头是石头做的。陈国国君就问孔子，这只鸟是从哪里来的呀？因为古代人很迷信，看到一只鸟掉下来，身上还有一支箭，他就要问了。孔子就跟他说，这是从肃慎这个地方来的，肃慎这个地方在扶余国之北，要走六十多天才能到。这只大鸟是被肃慎人射着了，但是它坚持长途飞行，到了这儿精疲力尽才掉了下来。可见孔子很博学，尽管以我们现在的眼光来看，他的知识不那么科学，但我们不能不说他在当时算是最有知识的人，所以，他才能在那个时代当老师。

不光是历史，他还有艺术修养，也有经典知识。作为一个贵族，他曾经向当时最好的音乐家师襄子学习。当时一般人都向师襄子这样的音乐家学习一般的音乐技巧。孔子却说，我们学音乐知识，不仅要学曲，就是一般的音乐旋律，而且要学"术"；不仅懂得术，而且要懂得音乐背后的"志"，就是说它包含什么样的意思；不仅要知道这个志，而且要理解他这个"人"，就是音乐背后是一个什么样的人，也就是我们通常说的高山流水的意思。不懂得人，那么，音乐学到最后也还没学到它的精髓。

大家都知道，孔子还是非常精通六艺的。古代的六艺，就是射、御、书、数、礼、乐。射就是射箭，它不仅仅是一种武功，不仅仅代表一种力量，而且在古代还是一种礼仪。御就是驾车，书就是写字，数就是算数，礼当然是指礼仪规范了，乐就是音乐。由于他精通各种经典，所以他对于"六经"都是非常精通的。所以他说，"五十以学《易》"，就是说五十岁的时候他学《周易》，"不学诗无以立""不学礼无以立"，就是要学诗、学礼这些东西。这些当然是那个时代非常重要的知识。所以，我们看到他的贵族知识里，还包括了礼乐甚至国家秩序，这是孔子最重要的知识。孔子曾经说："夏礼吾能言之，杞不足征也，殷礼吾能言之，宋不足征也。"就是说，夏代的礼我都知道，不必到夏的后代杞国去学习，殷商的礼我也知道，不必到殷商的后裔宋国去学习。孔子对这个礼非常重视，他认为礼是一种秩序，更是做人和治理社会所必要的一种象征和知识。所以，当时他到卫国去，卫灵公问他打仗的事儿，孔子就说，"俎豆之事则尝闻之矣，军旅之事未之学也"，就是说打仗的事你不要问我，我没有学过，要是讲祭祀礼仪的事你可以问我，这些我学过。在齐国，齐景公问他，他也说，你如果恢复古代的礼，就能把这个国家治理好。甚至于他还说："苟有用我者，期月而已可也，三年有成。"意思就是说，如果有用我的人，我个把月就能让这个国家有所变化，如果给我三年时间，我就能让这个国家彻底变化，变成一个有秩序的国家。

所以，孔子有一次跟他的学生开讨论会，他就问子路、子贡、颜回，看他们是不是能够理解自己的志向。子路和子贡不太能够懂孔子的想法，最好的学生是颜回。颜回说，您的志向非常大，所以天下容不下您，因为您是要恢复整个天下礼仪的秩序。孔子当时非常感慨，他说，真对呀，颜回，你说得太对了，如果你是一个富有的人，我真是想给你去当管家。他的意思就是说，颜回才是真正理解自己的人。可是很遗憾，孔子的那个时代恰恰是贵族衰落、礼崩乐坏的时代，他只好去当他的老师。

所以，我们接下来的问题就是介绍孔子及其时代。

四

按照儒家的想象，古代社会秩序之所以能够保持井然有序，主要是依赖一整套有等级的仪式，按照一些服装穿戴仪式的规定，按照一些礼仪的规定来做事，所以社会就不会乱。其实，一直到现代，社会还是要有这些仪式的，比如说，领导人出席会议，位置不能乱，就是握手，也有个顺序要求。最需要秩序的是军队，所以，军队有一段时间取消了军衔制，后来不得已还得恢复这个制度，因为军队里面最需要等级构成秩序。因为秩序就是等级，没有等级就没有秩序。尽管我们说，"平等"是一个伟大的理念，但绝对平等最终是要破坏秩序的。军队之所以要讲究那些不同军衔的划分，就是要保证危急的时候，命令能得到执行。所以，一个没有等级、没有区分、没有位阶的社会，实际上，秩序肯定是比较乱的。说到底，尽管这个等级秩序的理念不怎么好，但实际上，确实是古代社会能稳定的重要原因。孔子从小就懂这一点，所以，孔子从小就喜欢这套礼仪。据说，别的小孩在玩"过家家"的游戏，孔子他不，他从小就搞出一副主持祭祀仪式的样子。所以他的弟子有一个叫公西赤的，就说"宗庙之事，如会同，端章甫，愿为小相焉"。就是说，孔子问他的弟子愿意干什么，弟子说，我就是愿意在宗庙祭祀的时候，来当个主持的角色，戴着高高的帽子，在旁边主持礼仪。

可以说，孔子是非常讲究这一套礼仪的，可问题是，那一套礼仪在他那个时代已经乱了套。大家可能都熟悉一句话，就是"是可忍，孰不可忍"，这话就来自孔子所在

《孔子圣迹图》之《俎豆礼容图》
说的是孔子从小就和普通孩子不同，平时玩耍时也要习礼，模仿成年人的庄严行为，"陈俎豆，设礼容"。

的鲁国。那个时候，鲁国国君的地位越来越衰弱，可是有几个家臣居然强势了起来。季氏这个家族，居然在家里面用六十四个人跳舞，也就是八佾，"八佾舞于庭"，这个舞蹈本来是天子才可以用的。而且他们家庙里奏音乐，居然奏的是《雍》，《雍》是"天子穆穆"，是只有天子才能用的音乐，他居然在他的家庙里演奏。所以，按照孔子的理解，那个时代已经是"君不君，臣不臣；父不父，子不子"了，他非常悲痛。

大家都知道，春秋那个时候，天子的权威已经没落，一个一个的霸主开始出现，所以，当时整个东周王朝下面，秩序是一片大乱。公侯伯子男完全都不按原来那个顺序来定名了，楚国的国君明明就是子，可是他却自称楚王，这就乱了。按照孔子的说法，他就不能这样叫楚王，就应该叫楚子。所以，这个时代按照孔子的说法，就是"礼崩乐坏"了。

那个时代到底是怎样的呢？大家都知道，孔子生于公元前551年，死于公元前479年，就是公元前6世纪到公元前5世纪的时代。他是一个没落贵族，他的父亲很老才娶到他的母亲，可是他生下不久，他父亲就去世了。所以，我们可以推想，他年轻的时候没过上几天好日子。所以，他自己后来也讲"吾少也贱，故多能鄙事"，意思就是说，我小的时候很贫贱，所以会干很多粗活。成年以后，孔子也没过上多少好日子，当过"委吏"，也就是会计，也当过"乘田"，就是畜牧师。可是，偏偏他一直爱好礼，总是在想象要恢复古代贵族的礼仪。然而在那个时代，他的那套理想基本上没有实现的可能，因为当时整个东周王朝已经秩序大乱，东周天子只是龟缩在现在洛阳那一小个地方，而且还要靠原来他下面的那些诸侯来奉养，才能维持。所以，当时孔子所生活的鲁国，虽然原来也属于礼乐正宗之国（因为鲁国是周君的封地），但是，那个时候鲁国的礼仪制度也很乱，季平子、孟孙氏、叔孙氏和鲁昭公

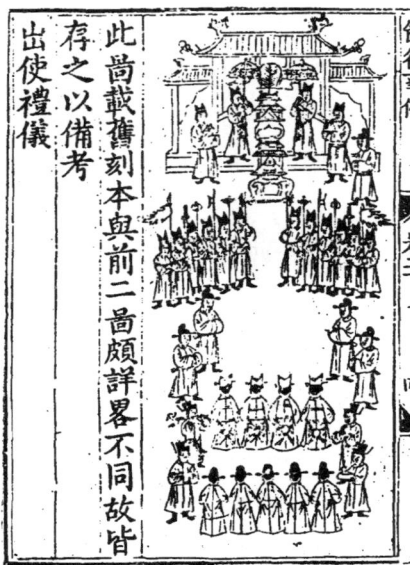

《皇明制书》卷二十里
所画的文武官员班次图
秩序是儒家最关心的问
题，而"秩序"常常通
通仪式、仪仗、建筑、
队列等等的"次序"来
体现和传达。

也在争斗，这些贵族居然跟鲁君打起来，甚至把鲁君赶到
齐国去了，可想而知，这对三十五岁的孔子来说是多么大
的刺激。这个时候，孔子一直没有机会实现他重建秩序的
理想，然而孔子的整个理想就是重建秩序，他先后到过卫
国、齐国、陈国、曹国、宋国、郑国，始终很难有机会去
实现他的理想，虽然他短期内当过大司寇这样的官，但他
始终不得志。所以，最后在六十三岁的时候，也就是鲁哀
公六年，他在外面流亡了十四年后，还是回到了他的故乡
鲁国，就是现在山东曲阜一带。鲁哀公十四年，他听说鲁
国狩猎打到了一个麒麟，他就很悲哀。而且同一年，他最

好的学生颜渊也死掉了。因此，他很悲哀地说："凤鸟不至，河不出图，吾已矣夫？"这些话，他讲了好几次，说明他在那个时代是一个悲剧人物呀。"天之将丧斯文也，后死者不得与于斯文也，天之未丧斯文也，匡人其如予何？"是不是斯文要扫地了呢？恐怕是，因为他说，"甚矣，吾衰矣，久矣吾不复梦见周公"。可以说，"斯文"实际上就是文明和文化的代名词，而且他觉得他已经很衰老了，很久没有梦见他的楷模周公了。再过了两年，鲁哀公十六年，他就在悲哀中去世了。

大家看，孔子的政治理想，始终没有机会也没有条件实现，所以，他晚年以教授弟子为业务。他曾经整理经典和教授学生，成就了他的学术和他的思想，但他始终没有成为一个真正的政治家。所以，古代的人说他的学术是非常伟大的，形成了中国伟大的传统。我怀疑，如果他成了一个政治权力的拥有者，有可能他就会成为一个法家。儒家本来希望通过教育来实现文明和秩序，但是法家会强行地通过专制去控制社会秩序，这个时候就会发展成另一个极端的境地。儒家内在是有两个极端的，一个极端是以教育为主的，另外一个极端是控制为主的。所以中国古代有两种官员：一种叫循吏，通过教育来维护秩序；一种叫酷吏，是通过法律来建立秩序的。儒家和法家绝不是一对矛盾，而是一体两面的。所以，古代皇帝都是王道和霸道结合起来的，从来没有一个皇帝会只用王道，或只用霸道。

幸好孔子手中没有权力，他只能是一个伟大的学者和教师。

五

我们回过头来看，孔子全部的理想就是恢复他梦寐以求的西周时代的贵族秩序。可是他的方法却只有下面三种：第一种就是"制礼"，恢复礼治。大家当然都很熟悉"克己复礼"，所谓礼，就是依靠等级森严的仪式，来暗示大家这个社会要有等级分界，君要像君，臣要像臣，父要像父，子要像子，每个人都恪守规矩，不能越过身份的界限。第二种方法就是"正名"。孔子的学生子路曾经问孔子，如果有诸侯让你当政，你首先要干什么？孔子说，"必也正名乎"，意思是首先应该"正名"。子路这个人很勇敢，但也很鲁莽，他说孔子很迂。孔子就说，你这个人真野蛮，为什么？"名不正则言不顺，言不顺则事不成，事不成则礼乐不兴，礼乐不兴则刑罚不中，刑罚不中则民无所措手足"。这段话的意思就是说，要把人外在的名义和他实际的身份统一起来。比如说，我是老师，既要对学生有一定的尊严，同时我也要履行老师的职责。否则的话，我就不能叫老师。一个人如果是一个排长，他就应该时时刻刻记住他是班长的上级，是连长的下级。所以，孔子认为，在一个等级身份的社会里面，名分一定要与实际相吻合。要是把名分规定得清清楚楚，实际上也能够理顺社会等级和身份。所以，他在编《春秋》的时候，在写楚国国君的时候，一定不写"楚王"而写"楚子"，来暗示大家说，公侯伯子男这个等级不能够混淆。可是，光靠这个也不行，因为这只是个外在的约束。所以第三个方法叫"求仁"，就是追求仁爱之心。仁是孔子的一个重要思想，"仁者爱人"。所以在《国语》里面有一段话说："欲爱己也，必先爱人，欲人从己也，必先从人。"就是说，你要别人爱你，你就要先爱别人，你要让别人听你的，你也要先听别人的。"己欲立而立人，己欲达而达人"，自己想要做什么，你也要让别人先去做，自己想达到什么目的，你也要让别人先达到他的目的。所以，他归纳为"己所不欲，勿施于人"。20世纪90年代，世界各大宗教曾召开过一次"世界宗教伦理大会"，讨论全球的宗教共同的"伦理底线"，结果找到的就是这一句"己所不欲，勿施于人"。这也是孔子"一以贯之"的忠恕之道。

问题是，靠什么来保证每个人都有仁爱之心呢？孔子一直追溯到人的自然感情。你不是一个人吗，你肯定有父母，既然有父母，你天生就有孝敬之心，这是来自自然的和血缘的感情，他认为这就是基础。所以孔子说，仁爱之心的来源就是孝心。他认为，这个根本和来源奠基了一切价值基础，一个人如果孝顺，他就不会犯上作乱。因为家里面需要尊敬的父亲，放大到一国就是君主，所以古代把君主也叫"君父"。在古代中国，国就是家的放大，所以在中国有"国家"这个词。按照孔子的理解，因为国家是一个小家的放大，整个社会的等级秩序，就是家里面长幼尊卑秩序的放大。如果一个人有孝顺之心的话，他就应该有遵守这个国家秩序的心，所以，他叫"入则孝，出则悌，谨而信，泛爱众"，这样就可以重建国家的秩序。这是孔子一辈子的理想，也就是他维护传统贵族社会秩序的途径。

然而，那个礼崩乐坏的时代，决不是这样一个理想方案能够实行的时代。刚才，我们讲鲁哀公十六年，也就是公元前479年，孔子去世了。因为弟子众多，所以他去世后，他的很多学生都为他服丧。据说古代尊长去世，弟子后辈一定要服丧守庐，这是儒家的规定。最亲最近的，比如父亲去世，一定要服丧三年。可是，弟子们围在这个地方服丧三年后，有一个特别忠心的学生叫子赣，据说他在坟旁建庐，一直待了六年。孔子的学生们，在他的坟墓周边，逐渐聚集百余家，所以，后来那个地方就形成一个居住区，叫孔里。鲁国很尊敬孔子，一直也在祭祀孔子，而儒家学者则常常在孔子墓的周围习礼讲学，在那里建了很多房子，供奉孔子遗留下来的衣、冠、琴、书，还有车，这个传统一直延续到汉代。大概，只有秦王朝对此不太恭敬吧，因为郡县制彻底结束了贵族封建制，所以，孔子的后代甚至抱着礼器加入了陈胜、吴广的起义军行列。但是，到汉代，虽然汉高祖刘邦很不尊重儒家，但他也要利用儒家，所以到了这里，也曾经用非常隆重的仪式来祭祀孔子。因此，孔子在后世就非常有影响。

让我简要地总结一下。孔子的思想大概就像我刚才讲的这样，是"制礼""正名""求仁"，而且把"仁爱之心"的来源和基础，一直追溯到孝悌这样的自然感情那里去。但是，早期儒家这个方案是把希望过多地寄托在人的内心感情和内心自觉上，所以，它实际上带有理想主义色彩，有时候不太管用。正是因为这样，孔子之后才分出了两支不同的儒学派别：一支强调道德，一支强调制度。前面一支是以孟子为代表的，把这个道德论的儒学越放越大，更加追求"求其放心"这样的一个路数，他认为人性是善的，所以，极力地开发人的内心世界。可是，事实上真正在古代社会和政治中有效的，是后面一支，就是荀子和他的学生韩非、李斯等人发展出来的那一条路数，基本上预设人性是恶的。大家知道，一般法律都预设人性是恶的，只有人性是恶的，才需要建立一整套法律秩序，从外在力量来规范人的行为。而这一套思想体系因为预设了人的本性是恶的，所以，它的推动是靠严密的行政管理、法律制度的控制。

后来的儒家没有简单重复孟子或荀子的单一路数，基本上是儒和法合在了一起。所以，我认为没有纯粹的法家，也没有真正纯粹的儒家，两家其实是一家，都是在寻求国家和社会的秩序，因为大家越来越现实了。汉代皇帝说得很对，历来都是"王、霸道杂之"，用我们现在的话说，就是两手都要硬。

六

我们现在回过头来追溯孔子的历史，应该看到，实际上孔子代表了那个时代的贵族传统，也代表了那个时代维护文明、恢复秩序的理想。

通常，一个时代结束了，那些过去拥有文化经验、熟悉过去文化规范、享受过去的文化优越感的贵族，对于礼崩乐坏这样的状况，是非常恐惧的。所以，他们一个很大的特点就是爱怀旧。也许，有很多人看过那本《最后的贵族》，在大陆出版的名字叫《往事并不如烟》。我觉得，其实我们的贵族早就没有了，自从封建制转向郡县制，哪里还能有太多的贵族？尤其是在晚清以后，整个社会在不断的变动中，这个时代里，边缘一次次地进入中心，这很像春秋战国到秦汉时期的大变动，也很像魏晋南北朝到隋唐时的大变动。原来长期积累和形成的贵族社会，一次又一次地在崩溃，哪怕是新贵族也在不断地崩溃，社会像走马灯一样变化。所以，这个旧的文化贵族一旦失去了过去的生活经验，一旦失去了过去的文化特权，一旦失去了过去的优越感，他们常常是要怀念和回忆过去的时代，这就与孔子特别爱回忆西周那个想象的黄金时代一样。

不过，孔子儒家的这一套理想和信仰，也慢慢培养了中国文化人的一些特色。这个特色就是，他们总是怀着当"帝王师"的理想，试图通过和皇帝合作，在朝廷庙堂之上"兼济天下"，也就是"得君行道"，来实现自己的政治抱负。他们跟西方知识分子很不同，现代中国的知识分子，多少还残留有传统士大夫的习惯，而士大夫的习惯，很多就是孔子和儒家的习惯。由于有这种文化习惯，所以他们第一是"法先王"，所谓"法后王"常常是着眼于未来，而"法先王"常常是要回溯历史。所以中国的人文知识中间，历史是最基础的。第二是"尊经典"，"尊经典"的意思是说，老是需要有本本上的权威，什么事情都要经典里有才行，我们习惯于引经据典，哪怕没有经典，有诗为证也可以，总得讲究有个来源。第三就是"援历史"，我们比较爱讲历史，爱从历史中援引对现实有用的资源，这是一个很重要的传统。不过，我要强调一点，我并不是让孔子去负这个历史的责任，孔子并没有教我们说应当是这样的，但是在孔子那个时代，他给我们提供的资源里面，包含着这些内容。

很悲哀的是，历史上孔子在政治领域一直受到挫败，所以，他最后只做了一个伟大的教师。但是，正是因为他是一个伟大的教师，也开出了中国知识分子另外一面，就是当他在政治上理想不能够实现的时候，他常常要用文化理念来对抗政治权威，这就是后来我们所说的以"道统"对抗"政统"。所以，我们要看到，儒家有他非常好的批判性的一面。这个现象，我们在后代能够看到，像唐代的韩愈、柳宗元，像宋代的程、朱，像明代的王阳明，清代的戴震，其实在当时都是有批判精神的。只不过，中国的政治权力实在太大，慢慢就把他们都吸收到政治体系里，融入正统政治意识形态里去了。

好了，这就是我讲的孔子。孔子作为那个时代的一个理想主义者，那个时代不允许他的理想实现，但是他又给后世留下了很多资源，我们千万不要简单地把它当作弘扬或者批判的对象。他所留下的知识遗产，有什么是可以用于我们现在社会的，我们可以拿它来当作一种资源。为什么说是"资源"，意思是说，任何一种文化传统，它都只是有待解释的资源，应该经过选择和重新解释，然后才成为"传"下来的传统。否则的话，我们对于传统文化的理解就太简单了，传统是在不断被重新解释的过程中，慢慢不断地延续、发展的，慢慢不断地从旧传统变为新传统的。

这就是我今天要讲的内容，谢谢大家！

第六篇

重思禅宗与中国文化

这是2016年11月7日在香港岭南大学
"杰出学者讲座"上的演讲记录稿。

各位朋友，今天我很荣幸到这里来，跟大家讨论几十年前，我自己研究的一个题目，就是《禅宗与中国文化》，那是在1986年出版的一本小书。也许有很多人是禅宗或者禅文化的爱好者，甚至是信仰者，但是我要说明的是，我是一名历史学的研究者，所以我的立场可能是一个历史学家的立场。我经常有一个比喻，就是爱好者和信仰者就好像是在前台看戏的观众，他是把戏当作真，然后跟台上的演员一样同悲共喜，跟他们一起投入感情。而历史学家是蛮讨厌的，他们常常到后台去看，看到的肯定不是青春靓丽的演员，也不是感人肺腑的剧情，但是他们看到的是一个卸妆后的真实状况。所以，历史学家讲禅宗，可能略略有一点扫兴，但是我希望大家明白，这可能是比较接近真实的历史的。

　　首先，我讲一个简单的引言，就是禅宗的世界性。现在禅宗已经不再仅仅是中国的，甚至不仅仅是东亚的，而是世界性的一个文化现象。不管现在你怎么看，100多年以来，禅宗其实已经传播到世界的各个地方。在英文里面，禅宗的"禅"曾经不叫作"Chan"，叫作"Zen"，这是因为最早把禅宗的思想和文化传到西方世界的是日本人，日语的"禅"念"Zen"。20世纪初，由日本的铃木大拙把禅宗带到了西方，他用英文写了很多禅宗的书，引起了西方人对于禅宗的重视。但是，禅宗真正在世界范围内流行开来是跟20世纪60年代整个世界出现的文化变迁有关。大家都知道，20世纪60年代是一个现代西方世界受到文化冲击的时代。那个时候有所谓的"垮掉的一代""嬉皮士运动"，还有"新潮流电影"，还有"反战"，就是反对越南战争。那个时候出现了强烈地对自身，也就是西方文化质疑、挑战和反叛的运动，禅宗的很多思想都借助这个契机，在西方开始流行，以至于成为很多人信奉的文化和研究的题目。

我举两个例子，大家可能都听说过。一个是在中国1966年开始的"文化大革命"以后，法国曾经出现过1968年的学生运动。而1968年的学生运动里面，写在巴黎的一道墙上的很著名的一个标语，就是禅宗语录，叫作"指月"，就是指月亮。这个故事可能很多人都听过，就是讲一个老和尚给小和尚讲，什么是月亮？他拿手指头指那个就是月亮，这个小和尚就只看他手指头，不看月亮，这个老和尚很恼火，说你看的是这个，那不是月亮。所以，当时法国激进的大学生用这个故事来讲西方文化已经不能够认清事物的本质。这个故事，说明禅宗在20世纪60年代在西方开始流行。

另外一个是，有一个"垮掉的一代"的著名诗人，叫金斯伯格，美国的。他的诗里面提到佛教，提到禅宗。他的一首诗里面，有一句话说，在一座石山下寻求佛学的境界，冥想、顿悟。这说明"垮掉的一代"挑战西方主流文化的时候，禅宗也起了很大的作用。所以很多人认为，禅宗是一种能够给后来生活在所谓现代化的城市当中的那些现代理性人缓解焦虑、紧张，改变生活的新资源。很多人也承认，禅宗作为一种思想资源，已经不再仅仅是中国的，也不再仅仅是东亚的，而有可能是世界的。我不知道各位有没有注意到，比如像中国的很多人，包括一些在海外的华人也曾经对禅宗非常有兴趣。举一个例子，就是曾经获得过诺贝尔奖的高行健，他获奖后还写了一个剧本，在外面风靡一时，叫《八月雪》。《八月雪》讲得就是六祖惠能的故事。

所以，我今天跟大家讨论"禅宗与中国文化"，希望大家注意：第一，我要告诉大家禅宗在历史学家看来，它是什么样的东西？第二，它在中国文化里有什么影响？第三，进一步讨论在现代世界，禅宗有什么新的意义，它可以成为一个什么样的新资源？这就是我今天要讲的中心问题。

一、禅分了南北：一个关于六祖的著名传说故事

我们先从两首禅宗史上最著名的偈语说起。大家可能

都听说过这个故事，我把它讲得尽量简单一点。据说，在唐高宗的时代，岭南有一个砍柴人，有一天在城里卖柴的时候，听到有人念《金刚经》，心中有点感受，于是就问念《金刚经》的人说，你是从哪儿学来的？这个人就告诉他，在湖北黄梅有一个叫作弘忍的禅师，这个弘忍就是禅宗历史上所说的第五代祖师，他会教人念《金刚经》。于是这个砍柴的人就到了湖北黄梅。黄梅是湖北靠近安徽的一个地方，那个地方有两座山，叫双峰山。其中东边的一座叫东山，东山上有一个禅师，就是弘忍，他门下有很多的学生。这个砍柴的人到那儿以后，就作为一个行者，他姓卢，就叫卢行者。这个卢行者在那儿，被派了去舂米。

这个时候五祖弘忍禅师年纪大了，要挑选接班人，他就跟众弟子说，你们都写一首诗，表达你们对佛教道理的理解。虽然弟子很多，但是这些弟子都想，我们都别写了，因为有一个最杰出的弟子在那儿。这个杰出的弟子年龄还很大，叫作"神秀"，他当仁不让，挺身而出，写了一诗偈语："身是菩提树，心如明镜台。时时勤拂拭，莫使有尘埃。"这个话很精炼，20个字非常凝炼地浓缩了佛教的根本道理。因为传统的佛教认为，人的内心是有佛性的，也就是说每个人都有成佛的可能性。但外在世界那种虚幻的、肮脏的、让人上当的灰尘，是会污染你这个心灵的。也就像我们说的，狂风暴雨黑云能够遮蔽青天白日，所以你一定要经常打扫，用过去我们熟悉的话来讲，就是要"灵魂深处闹革命"。你要经常打扫，扫帚不到，灰尘照例不会自己跑掉。所以你要经常地擦，把它擦干净，就像一个镜子，有灰尘来，你不把它擦干净不行。这样才能够保持你的心灵宁静、清静，然后进入到一个超越的、澄明的世界。这个话用一个佛教惯用的比喻来说，就是说心灵就像明亮的镜子，外在世界就像灰尘，不要让外在的污浊污染了你的心灵，你要经常地擦拭这个镜子，让它保持干净。这是佛教最基本的一个道理。

大家都认为这已经是写得非常好了，可是据说，卢行者听了以后却说：好则好矣，了则未了。就是说，好是很好，但是不够彻底。他不会写字，就求别人代笔，也在墙上写了两首诗。现在我们看其中的一首："菩提本无树，明镜亦无台。佛性常清静，何处有尘埃。"这话什么意思呢？就是说，按照佛教"空"的道理，菩提原本是智慧的意思，可智慧本来就不是树，心灵也不是一个实实在在的镜子，人心中的佛性永远都是清静的，哪里会有什么尘埃？按照佛教的说法，一切都是虚幻的假相，没有永恒不变的、本质的东西。连尘埃也是虚幻，所以，既然尘埃是虚幻的，你擦它干什么呢？所以不用擦，心灵根本就是澄明的。两首诗都是20个字，但里面差别非常深刻，以至于后来形成了中国禅宗最有代表性的两个对立流派，就是北宗和南宗。为什么是北和南呢？因为神秀的根据地在现在的荆州和洛阳一带，而后来卢行者，就是禅宗六祖惠能，则到了广东。

二、心如明镜台？关于神秀与惠能偈语的佛理分析

为什么说这两首诗代表了差异特别大的两种思想？首先我们来看刚才神秀的那一首诗。按照他的说法，每一个人的人心是佛性，清静的佛性像明镜一样，但明镜避免不了外在的污染。如果有这样前提的话，佛教修行就是必须的，必须苦苦地修行。要按照禅宗的方法，非常认真地修行，达到"凝心入定"，就是凝聚你的心力，去进入禅的状态。要非常注意反身自省，去寻找一个清净的自己。如果是这样，苦苦修行、戒律的遵守、禅宗祖师的开导和经典的阅读就都是必要的。这样，这个从人到佛的修行过程，就是一个从此岸到彼岸的漫长过程，所以，它叫作"渐修"，就是要渐渐地、缓慢地进入一个心灵的超越状态。

可是，惠能写的这首诗就不一样了。依他的说法，人心本来就是佛性，本来就是清静的，此岸就是彼岸，关键就是你在一瞬间能不能领悟到这个道理。如果你能领悟到这个道理，你一下子就能够从此岸到彼岸，从人心到佛性。在这个时候，修行不需要了，经典的研读不需要了，苦苦遵循戒律也不需要了，而是变得非常轻松。所以惠能门下，经常讲在一切地方行、住、坐、卧。你行，你停，

《维摩诘图》 宋代　台北故宫博物院藏

你坐，你躺，都是凭你自己的内心，叫作"于一切处，行住坐卧，常行一直心是也"。这就是《维摩诘经》曾经讲到的"宴坐"。《维摩诘经》影响了禅宗，也影响了很多士大夫。这个是传说中的维摩诘居士像，他不出家，在家里坐也能达到"空"的境界，使得中国士大夫非常仰慕。他非常潇洒，非常自然，不必修行，不必入定，也不必苦苦坐禅，说悟一下子就悟了，此岸就变成了彼岸。这对于人的诱惑力是很大的，因为他这个修行过程非常轻松。这个就叫"顿悟"。

这个变化太大了，要按照北宗神秀的说法，佛教各式各样的清规、戒律、修行、入定都是必须的。据说，神秀在100多岁去世的时候，给他的学生留下三个字，叫"屈、曲、直"。他的意思是人在修行过程中，首先要委屈自己，像一条蛇一样，委屈自己伸直。第二个，要像一条蛇进入竹筒一样，原本弯弯曲曲，但是为了修行，要钻进一个直筒里面，大家都知道，那个蛇钻进直筒里面，身子就被拉直了，那是很痛苦的过程。按照北宗的说法，修行就是痛苦的过程。

但按照南宗惠能的说法，就不需要了。我经常用一个比喻，在他们的想象里，整个内在世界和外在世界就像一个放电影的白布，白布上本来无一物，什么也没有，但是放电影的时候，由声光化电在白布上幻化了情节和画面。你以为那个白布上面真的有这样的东西？你就会跟它同悲共喜，付出你的感情，付出你的精神，耗尽你的气力，觉得又是悲，又是喜，情绪起落。但是，如果声光化电一结束，还是一块白布，本来这都是梦一样的虚幻。所以，按照惠能的想法，这个世界就是声光化电，就是所谓五音五色构成的虚幻世界。既然是虚幻的，你为什么要为这虚幻的白布，去付出你的心力，没有必要。所以禅宗有一句很有名的话，"水无蘸月之意，月无分照之心"。意思就是月亮投影在水上，水面映出了月亮，但是月亮并没有心思把自己放在水里面，水也并不是有意要映照出月亮，这只是一个因缘凑合。因缘凑合的这个世界，大家还会以为它是真的吗？所以在这个时候，修行也好，戒律也好，坐禅也好，都是没有必要的。这两首诗就代表了南宗和北宗，印度禅跟中国禅之间有非常大的一个分别，就是印度禅是一个需要苦苦打坐修行的方法，而中国禅是教人迅速进入超越境界的人生哲理。

所以大家再看一遍，这就是我要讲的，明镜说法的不同意味。按照北宗的说法，明镜就是指内在人心，它是可能的清净佛性，但是它避免不了外在灰尘的污染，"五阴黑云"的遮蔽，所以要"凝心入定，住心看净"，常常擦拭，让它保持永远的明亮和干净。所以仍然需要经典指导、祖师引路、团体监督、戒律维护，这是传统的来自印度的佛教的修行观念，也是北宗禅的基本思想。这是神秀的思想，用佛教的说法，就是"法有我空"，外在的世界是真实的，但是，我内心要做到澄净。

但按照惠能的思想，明镜就是指内在人心，它就是永远清净的佛性，至于灰尘黑云，那是镜子里映出来的虚假幻象，无论你擦还是不擦，佛性永远是清净的，就像明镜始终是明镜，灰尘始终只是灰尘一样。所以，可以自己觉悟，甚至顿悟。这是惠能的思想，"法我皆空"。当然到了南宗禅真正形成的中唐时代，那就走得更远了。

现在我们回到历史。惠能和神秀产生这样的分歧，以后到底会发生什么呢？据说，五祖弘忍是非常开明的，他认为惠能的说法更加彻底，所以他半夜三更悄悄地把惠能召到房间里来，给他讲解《金刚经》，然后把象征自己传授佛法的袈裟和钵盂传给了惠能，这个衣钵就象征着真正佛法的正宗继承人。然后，弘忍又跟他讲了一段话，说自古传法，命如悬丝，斗争很激烈，所以你赶快跑，到你的老家去。传说，惠能得到衣钵，就连夜渡过九江，往广东走，一路上经历了很多风险，曾经遭人追杀，当然这是传说。他一直跑到岭南，在五岭一带一直住了16年。那时他还没有出家，他还是没有受具足戒的行者，但他自己很自觉地遵守佛教的戒律。他不吃荤，他跟猎人混在一起，猎人打猎都是吃荤的，他是"但吃肉边菜"，只吃边上的菜，一直过了16年。

三、风动还是幡动？
从惠能、神会到马祖建立的中国禅

仪凤元年，也就是公元676年，惠能到了广州。传说发生了这么一件事：就是正月八日，广州有一个佛教法师，叫作印宗，他在法性寺讲《涅槃经》。《涅槃经》是佛教很重要的经典。惠能就混在人群中听。这个时候，风吹得寺庙的幡飘动，印宗法师突然想起来问弟子说，是风在动，还是幡在动？因为佛教说法常常暗含着深奥道理，所以下面的弟子都不敢乱说，有的说风在动，有的说幡在动。这时惠能挺身而出说了一段话，说不是风动，也不是幡动，是人心自动。印宗法师大吃一惊，觉得这个说法包含着非常深奥的道理，就马上下座来，请惠能上堂说法。这时，惠能才正式出山。后来法性寺在广州改名叫光孝寺。

这个是100多年前拍下的照片。据说这个地方就是惠能回答印宗法师"风动幡动"的地方。为了纪念惠能

韶州曹溪南华寺的六祖真身像（约100年前拍摄）

广州光孝寺的六祖发塔（约100年前拍摄）
实际上，惠能在这里才正式受戒，此前则只是带发修行之人。

这一石破天惊的举动，这里的禅堂改名为"风幡堂"。大家看到，这个寺庙请了律师，佛家的律师就是专门讲解戒律和为僧人受戒的。每一个出家人都必须经过律师受具足戒，剃发守戒，惠能剃下的头发据说就埋在这里。

这个时候，惠能出家，正式成为禅师，后来又到了韶州南华寺去进行说法，有很多官员和民众来听，其中包括当地的刺史。在那个地方说的道理后来被记录下来，就是我们现在还能看到的，中国佛教解经说法唯一命名为"经"的《坛经》。后来，六祖圆寂以后，建了六祖塔，六

韶州曹溪南华寺的大雄殿、降龙塔阁及塔碑（约100年前拍摄）

韶州曹溪南华寺的五祖殿及八角五层六祖塔（约100年前拍摄）

祖塔后来重修过。这是当年的样子。这就是我们传说中的禅宗第三十三祖，就是西天二十八祖排下来，东土的第六代祖师惠能。

可能刚才我讲的都是传说，在历史学家看来，这都是为了证明惠能禅师的伟大而撰写的历史，实际上，禅宗历史上很多事情充满着谜团。整个禅宗史就是个谜团。为什么呢？因为后来的禅宗南宗，就是惠能这一派胜利了，为了构造他们的光荣历史，编造了很多故事，而这些故事真真假假，需要我们重新来梳理。从胡适先生以后，一直到现在，历史学家都在试图探索禅宗历史的真相。我在这里给大家举几个例子。

第一个例子是达摩，达摩老祖是西天第二十八祖，就是禅宗传说中在印度传的第二十八代，也是到中国来的第一代祖师。他有一个很有名的故事，就是他跟梁武帝的对话。梁武帝问他，站在我面前的是谁呀，他回答说我不认识。梁武帝又问他说，你看我做了这么多好事，有没有功德呀，他说没有功德。梁武帝被他搞得稀里糊涂，觉得他没意思。达摩也觉得梁武帝不是有慧根的人，所以就摘下一片叶子，化为一条船，渡江北上，到了北边的少林寺旁边的达摩洞里打坐，面壁九年，把那个影子留在墙壁上。这都是传说，根本就不可能有的事。因为达摩到中国比梁武帝时代要早得多，是在刘宋时代，而且后来传说中，达摩圆寂后留下一只鞋，真身回到印度去了。而历史学家考察的结果是，他有可能在北方，因为他的声势影响比较大，就被菩提流支和光统法师下毒害死。所以禅宗早期历史，也是充满了血和火的。

第二个，大家都知道二祖慧可有这样一个故事，就是立雪达摩之门。说他为了求达摩教他伟大的佛法，下雪天站在达摩的门口，等达摩睡觉起来，结果雪都没到他的膝盖，他仍然站在那里不动，使达摩很感动。这是很有名的故事。这个故事是不是真的，我们不知道。另外一个故事说，惠可为了求达摩相信他，宁愿斩断自己的手臂，显示自己学佛法的决心。后来鲁迅先生也曾经说，中国曾经有很多有真诚信仰的人，像惠可断臂求法。但这故事我们也不敢相信，我们可以相信的是什么呢？他也是在血和火的传法过程当中，后来被北方佛教的另外一个法师——背信弃义的辩和法师和当时的一个县令翟仲品联合迫害致死的，甚至还留下了审讯他的一些记录。这个故事也说明禅宗史上有很多东西是非常复杂的。他的学生三祖僧粲，有可能就是个患麻风病的人，因为有风疾，"风疾"这个词在古代的书籍里面就是指麻风病。

第三，我要跟大家讲的是，历史上真正的六祖，被弘忍认可而且被大众选择的接班人，可能既不是神秀，也不是惠能，而有可能是少林寺一个叫法如的和尚。因为现在还留下来一块当年的碑，公元689年立的碑里面明明白白有记载。因为少林寺是禅门重镇，只有在少林寺这个地方做主持的人，才有可能成为禅门真正的传人。而且在少林寺才能够得到官方，也就是当时武则天认可，他才可以成为佛教禅宗在北方的正宗接班人。大家都知道，历史往往是胜利者书写的，由于后来惠能成为胜利者，所以他后来的弟子一次又一次地改写历史。

第四，我再跟大家讲一个例子，在惠能的学生里，可能有青原行思和南岳怀让这两个人，现在的禅宗史都把这两个人说成是惠能之后开出两派的重要角色，但这种说法是没有根据的。如果从当时的历史资料来讲，这两个学生都不是最重要的学生。历史上有一个必然规律，叫作"师以徒显"，老师的伟大常常要靠伟大的学生，当学生一旦伟大起来以后，他就会把老师说得很伟大。这两个人就是因为他们的学生太伟大、太厉害了，所以他们写的禅宗历史，就把他们的师父说成是惠能之后最重要的学生，实际上不是，实际上最重要的可能是神会。这个是胡适当年考证得出来的结果，这个可以相信。

第五个例子，历史上都把百丈怀海当作中唐最重要的禅师。这是因为一方面，他开创了禅宗里面"一日不作，一日不食"的传统；而另一方面，他有几个学生，比如说沩山灵佑、黄檗希运，还有北方、南方的一些重要人物都是他的学生。但事实上，百丈怀海在他的那个时代并没有那么重要，只是一个非常普通的禅师，所以禅宗的历史是非常复杂的。我今天跟大家讲了很多象征性的故事，最重要的是象征，告诉大家一些道理，但不是历史。研究历史的人，总是让信仰者很讨厌，就像皇帝新衣故事里面说出他没穿衣服真相的那个人。

四、禅思想与禅文化在中国的基本问题：
静坐、空与无、顿悟、不立文字

第一个问题，禅宗最重要的是习禅，习禅很多人都会联想起"静坐"。东汉以后佛教传入中国，有两大传统，一个传统叫作大乘般若学，一个传统叫作小乘禅学。这就涉及一个文化接受和文化传播的问题，这里面有选择也有偶然。传到中国来的大乘般若学，主要讨论的就是"空"，宇宙本来是一个没有自性的虚幻、变动的现象世界，这个我们先放在一边。而小乘禅学是教你怎么样静坐调心的，小乘禅学继承的是印度早期瑜伽的方法。瑜伽有很重要的方法是八支实修法。它的内容第一个叫禁制，要求谨记五戒，即戒杀、戒盗、戒淫、戒妄语、戒贪欲，这些都是外在对人的约束，要小心，不要触犯。第二个叫劝制，就是勤修五种方法：清净、满足、苦行、学诵、念神。第三个是坐法，这个就跟禅有关系了，有各种坐法，包括莲坐、勇士坐、贤坐、幸坐、杖坐、狮子坐、牛口坐、龟坐、弓坐、孔雀坐、自在坐等等。这个"坐"不是一个随意的东西，如果大家有兴趣，可以去学一学。简单地说，挺直脊梁，颈部微微向前，保持呼吸和你的脉搏跳动一致，然后两腿交叉叠坐，两个脚的脚背放在大腿的内侧。这个双腿莲花坐不是那么好坐的，你必须得练，所以，它是跟瑜伽有关系的。第四个是调息，就是调整呼吸，吸入时为满相，呼出时为虚相，在三时调节气息，气满时人在气中为瓶相，就进入了所谓三昧状态。第五个叫制感，就是控制自己的感觉器官，使眼、耳、鼻、舌、身、意保持一种跟外部世界分离的状态。第六个是执持，指心灵和精神凝聚于一境。第七叫作禅那，要你进入四禅阶段，最开始是可以听得见声音，慢慢到听不见声音、看不见东西，逐渐进入物我合一、身心俱忘的状态。第八个是三昧，这是瑜伽修炼最高级、最纯真的解脱境界。这本来是一些方法，在印度，无论是在瑜伽派还是在佛教，甚至在婆罗门都使用的一些方法，是使一个人身心清净，进入安宁状态的方法。这些方法在佛教里面就是戒、定、慧之一。佛教三学，第一个叫戒，就是戒律；第二个就是定，入定；第三个叫作慧，就是智慧，通过经典的学习得到大智慧。戒、定、慧发展出佛教的律师、禅师和法师。在唐代这个分得很清楚：律师就是戒学，禅师就是定学，法师就是慧学。全部精通的人，叫作三藏法师，是最高级的。三藏法师的意思就是说，他已经到了三学都精通的地步。

我们要讨论的是，本来在印度只是一个修行方法的禅，在中国怎么变成了禅宗？这在中国禅宗上是一个很重要的问题。本来是一种方法，怎么会变成一个包罗万象的佛教思想文化的大体系，甚至发展成一个流派，变成一门大学问？这在印度是没有的。这关系到在中国为什么会从禅学变成禅宗的问题。所以，我们讲的第一个基本问题就是静坐，因为学习禅学，入门功夫就是静坐，但是静坐并不等于禅宗，禅宗有一个非常庞大的理论、方法和实践的体系。

第二个问题是关于"空"和"无"。刚才我们讲，禅宗是一个大的理论体系。佛教进入中国，首先传播的、成为后来主流的一支是小乘禅学，另外一支是大乘般若学，般若之学主要讨论的就是"空"和"佛性"。什么是"空"？什么是"佛性"？这涉及整个中国佛教史上最大的理论问题。佛性，简单地说就是一个人能够从人提升为佛的本来潜质。"空"是什么呢？"空"非常复杂。佛教的藏经中有六百卷《大般若经》，这六百卷全部说一个字，就是"空"。这个"空"在中国佛教史上成为一个核心又核心的观念，在这里，我实在没有办法跟大家详细讨论什么是"空"。简单地说，第一，现象世界中的一切都没有"自性"，没有"自性"就是没有真实永恒的本质，所以都是变幻不定的幻相。就像《金刚经》里面说的"如梦、如幻、如泡、如影、如露、如电"。空空如也，"空"是非常复杂的一个东西，它指的是万事万物的现象世界上的一切，都是流转变迁没有实在本性和永恒存在的，这就是它的第一个意思。第二个意思，似乎真实的现象世界，是没有自性的幻相，是各种因缘和合的，它本身就是"空"，但"空"又表现为五彩缤纷的"色"，所以"色"就是本来虚妄的"空"。"色即是空，空即是色"，"空"和"色"是互相依存的，本来就是同样一个东西。千万记住不能仅仅简单地说"空"是没有，这跟中国的"无"是不一样的。中国的"无"更多讲的是没有，一切皆无，那是没有，但是这个"空"比中国的"无"复杂很多。第三，在佛教尤其是禅宗的观念里，"空"不仅仅是现象世界一种无自性的状态，还是修行者应当达到的、最终的意识圆满状态，是人排除对于现象世界的一切虚妄认识以后，所产生的一种清净而超越的心灵状态。也就是说，要使得你的意识没有纷乱复杂、充满欲望的杂七杂八的东西，要让你的心灵变得非常干净，但是这个干净不是绝对的无，而是一个"胡来胡现、汉来汉现"的自然境界，因为"色即是空，空即是色"。你心里面有什么，只要不变成一个执着和固执的念头，不变成一个实在的东西，你就变得非常自然和放松。它是一个随意流转、变化多端、来去都很自然的状态，这样才能使你的心灵处在一种超越和自然的状态。所以，这个"空"在佛教禅宗里面又意味着一个心灵境界。从东汉翻译出《道行般若经》以后，在魏晋南北朝时期，般若系统的经典翻译了一次又一次，一直到唐代的玄奘，还在翻译《大般若经》600卷。而小的《般若波罗密多心经》只有256个字，它们都在讲这个"空"。但问题是，"空"如果只是在理论的境界上，它始终不能成为艺术化人生的道路，而正是禅宗把禅学方法和"空"的理论结合了起来。

要注意的是，佛教禅宗的核心观念和终极追求，从寻求自心寂静转向了寻求空灵境界。这种理论把佛教的"空"和中国老庄的"无"又怎么结合在一起，变成了中国禅宗特色的理论体系，这是禅宗需要讨论的第二个重要问题，这涉及禅宗怎样把印度佛教转化为中国佛教的一个关键。

第三个问题，以南宗为代表的中国禅宗的核心观念之一是"顿悟"。怎么样才能"顿悟"？按照佛教的说法，"顿悟"就是理解到内心本来就是空，而外在世界也是一个空幻假相，所以，在心里面可以做到"无念、无住、无相"。什么叫"无念"呢？"无念"不是心里面没有念头，而是念也不念，所有念头都不停留在内心，这就是我们讲的"雁无遗踪之意，水无留影之心"，大雁飞过水面，它并没有心思把自己的影子留在水面上，但是无意中留下了；水也并没有要有意地留住大雁的影子，但是它也呈现了大雁。所有念头都处在一种无意之中，这就是一种无念。我记得苏东坡曾经写过一篇文章说，他跟人爬山，爬到半山腰的时候，看到山那么高，很是沮丧，但是他坐在地上，突然就想明白了"有甚（什）么歇不得处"，就是说，我为什么固执地要爬到山顶上呢？我有什么歇不得的呢？于是他心里面就放松了。这就是"念念不住"，这个念头不是固执地留在心里面，成为驱动你，甚至控制你的一种力量。

什么叫"无相"？外在各种纷乱复杂的五光十色的相，都会经过你的眼、耳、鼻、舌、身、意投到你的心里面，成为诱惑你心灵的东西。"无相"说的就是，所有的这些相，你都不把它当作真的相，所有的声光化电、五光十色的东西，你都把它当作风过耳、影过眼的东西，这个时候你就能够彻底地解脱束缚。

什么叫"无住"？这就是我们经常讲的，"此心安处是吾乡"，你本来固执地寻求故乡，却到不了家乡，怎么办？苏东坡说"此心安处是吾乡"，有什么不能住的地方呢？所以说，无住不是说不去住，而是说一切的"住"，你都不要把它当作固定的"停留处"。在这样的情况下，我们才能够理解后来禅宗为什么要强调"平常心是道"，一颗平常心很重要。我们知道，后来禅宗逐渐地从刻苦、艰难的修行、入定，转向了轻松、自然、超越这样一个路子上。这个"顿悟"起了很大的作用，因为它不需要艰难修行，不需要苦守戒律，不需要苦学经典，而是当下就能够悟到真理所在，悟到原来这个真理就是你的内心。所以，禅宗最早强调的是"即心即佛"，你回到内心你就是佛了，但再走一步，禅宗在中唐也就是公元9世纪的时候，逐渐走向"非心非佛"，心也不要了，佛也不要了，我就是我，砍柴、烧饭、喝水、困觉都是修行，都是禅，走到完全自然主义的方向上了，这种转变的过程对中国文化的影响是非常大的。

第四个禅宗的基本问题就是"不立文字"。佛教本来是很相信文字的，佛经前面的开卷语常常是"如是我闻"，佛教留下了很多经典，它怎么会不相信文字呢？可是，佛教有一个最根本的东西，就是要把信仰的终极的地方回归到自己的内心。如果你不把这些东西回归到自己的内心，启发自己内心自觉，所有的道理都是白讲的。所以，佛教重视内心的思想传到中国以后，它又跟"老庄"思想结合起来。老庄是讲"道可道，非常道"，文字都是没有用的，用文字表达出来的，都不是最深刻的真理。所以，经过魏晋南北朝时期和老庄思想的结合，禅宗就越来越强调回到内心。正是因为过分强调内心，它逐渐地走上"以心传心、不立文字"的道路。它认为，你苦苦学习经典反而被教条、道理所束缚，在禅宗看来，苦读经典那叫"文字障"。但是，如果仅仅是靠内心而不相信文字，会有很多道理不能传播，可是靠了文字，道理又会传播走歪，念歪了经，又会被文字束缚。怎么办？所以，后来禅宗就发明出很多扭曲的、矛盾的、误读的方法，用一些非常奇怪的、违背逻辑和理性的话来启发你，不是来教导你，而是来启发你。所以就产生出机锋、棒喝，用文字来破坏文字，用语言来瓦解语言这种方法。这是影响到后来禅宗走向士大夫化的一个非常重要的方面。

大家看，传说中的"空手把锄头，步行骑水牛"，这个空手怎么拿锄头呢？步行又怎么骑水牛呢？后面讲"人在桥上过，桥流水不流"。这是什么话？这都是不通的。不通正好，就怕你通，你一通就顺着文字语言理性走下去了。我说红的你说停车，我说绿的你就开车，我说苹果是甜的，你咬一口就说跟糖差不多。可是，他偏不跟你这么说，赵州和尚的"庭前柏树子"，什么意思？想不通，一直要想到放弃语言，放弃文字，放弃理解，原来他就是要你不相信语言，不相信文字，逃脱理性，回到自己的内心。又说祖师从西来的意思是什么？回答是"镇州萝卜重三斤"等等，这些是非理性的、矛盾的，但它恰恰破坏了你对语言的习惯性执着，破坏了你对语言的习惯性依赖，这个时候你就会放弃语言。宋代有一个黄龙禅师，他有三关，你来一个人，他就问你三句话："人人尽有个生缘处，上座生缘在何处？"就是问你的来历在哪里？如果你说你来自哪里，那就完了，你是按照语言来回答，说明你没有按照内心来回答。"我手何似佛手"，就是问我的手像不像佛手呢？又伸出脚来问"我脚何似驴脚"，如果你说像就完了，你说不像也不对，他的目的就是打破对语言的习惯性执着。

正是因为到了禅宗手里，它对于真理的表达、对于内心感悟的表达不是通过经典，不是通过逻辑的语言，而是通过矛盾、诗歌、误读、模糊表达这样一些非逻辑的方式，瓦解了人们对语言的信任，它就形成了一个新的传统。这种传统，在禅宗中是最明显的。中世纪欧洲天主教曾经也有过矛盾语的传统，但并不强烈，它还基本上是一个具有逻辑性的角度，无论是论证上帝还是论证天堂，都是用一种逻辑的方法，唯有禅宗是非常特殊的。

我们刚才讲的"静坐""空""顿悟""不立文字"这四个方面是禅宗思想里面最重要的，它涉及禅宗历史的几个重点。

第一个重点是，它怎样从实践方法转化为一个庞大的理论和实践体系，涵盖了整个禅宗对于人生和宇宙的理解，也就是说，它是怎样从印度的禅、禅学、禅方法，转变到中国的禅宗、禅思想，这是一个巨大的历史变化，也是中国创造性地改造印度佛教的最典型的一个例子。第二个重点是，它怎样从一个佛教中人人都要遵循的修行方法，变成了一个佛教的派别，使得唐以前的禅师，演变出了禅宗，成了一个庞大的佛教流派。第三个问题是，它怎样使得这种佛教的修行方法和道理，从草根阶层转向精英阶层，并且使它从南方到了北方，从山林到了庙堂。这是一个很大的变化，大家要知道早期的像惠能以前的禅宗，很大程度上是在乡村边缘流行的，比如说五祖弘忍是在很偏远的湖北黄梅。过去像南宗禅主要是在南方，后来逐渐走向北方，进入长安和洛阳。大家知道，唐代的长安和洛阳是当时中国的中心，文化辐射力和影响力的中心，也是政治的中心，禅宗必须到那个地方去，它才有可能成为一个笼罩性的佛教宗派。

刚才我们讲的这些都是禅宗史研究的重心，这里面涉及历史、思想、知识、信仰，甚至还涉及整个中国的文化转型。唐代到宋代是中国文化转型最重要的关节点，我们现在的中国文化基本上是在宋代文化笼罩下，而汉唐文化，其实离我们现在已经很遥远。这一文化转型和禅宗也有关系。

五、禅宗影响中国：文化、艺术与思想

大家可能都知道，中国5—6世纪之间有一个伟大诗人叫谢灵运，他是一个精通佛教的人。他曾经写了一篇文章，在我看来这是第一篇对中外文化进行比较的文章，叫作《辩宗论》。文章里面讲的一句话很有趣，他说，印度人容易受宗教性的约束，而不太能够理解里面包含的道理。就是说，印度人容易信教，容易被宗教的教规所约束，但是他不太能够理解道理。他说中国人不一样，中国人"易于见理，难于受教"。所以中国人一定要"悟"，谢灵运已经讲到要顿悟，他所处的时代比中国禅宗形成的时代要早，其实他已经看到了中国佛教的前景。

所以，唐代形成的禅宗，对中国人，尤其是中国士大夫影响确实很大，这大概可以归纳为四个方面。

第一，这是最重要的，从中国宗教信仰的角度讲，

禅宗的形成对于佛教的意义是"非宗教化",是使得佛教越来越不像宗教,所以世界上很多学者都指出,禅宗是一个最不像宗教的宗教。这个表现在:第一,它破除偶像崇拜;第二,它瓦解仪式制度;第三,它去除修行之苦;第四,它把宗教信仰者生活艺术化。这一点不仅影响了佛教自身,而且还影响了中国的精英阶层。因为一切都是虚幻,仿佛过眼烟云,包括所有的外在约束,包括修行,都是虚幻的,完全要由自我本心来顿悟,所以他们对修行、对戒律、对经典的阅读、对偶像的崇拜是非常反感的。有一个故事,可能很多人都听说过,是关于南岳怀让和他的弟子马祖道一的。马祖道一是后来推进中国禅宗最重要的僧人,他曾在江西洪州这个地方说法,开创洪州宗。马祖道一曾在南岳衡山学习,在那里他苦苦坐禅,南岳怀让看到他打坐,就拿了块砖跑到他身边,在石头上磨,把他磨得心烦意乱,就问师傅磨砖做什么,怀让就说,磨砖做镜子。古代的铜镜都是要磨的,磨了才亮。马祖道一很不解,就问磨砖怎么能成镜子呢?怀让就反问他,磨砖既然不能成镜,那打坐就能成佛?成佛是靠你内心自觉,不是靠打坐的。后来禅宗对这种认真打坐、诵读经典的启发都很看不起。

还有一个丹霞天然禅师,冬天看见佛像就把它拆了烧来取暖,这就是"丹霞烧木佛"。怎么能把佛烧了呢?他反问说,这里面有舍利吗?没有舍利怎么是佛?大家都知道，佛陀火化之后是有舍利子出来的，没有舍利子说明那是木头。另外，还有一个德山宣鉴禅师，说得更难听，他说，这里面没有什么祖也没有佛，达摩就是有狐臭的老男人，文殊菩萨就是担粪的汉子，达到佛教的高级境界的，都是一些笨蛋，他说菩提、智慧、涅槃都是栓驴的桩子，剩下的那些菩萨、罗汉都是守坟的鬼，不能自救。那个时候，他们鼓吹不要修行。所以，有一个人去修行，天天给禅师端茶、倒水、送饭，做了三年，禅师也不给他讲真理，他就急了，说我来你门下三年，你一句道理都不给我讲。禅师就说，你端饭来我就吃，你端茶来我就喝，你给我行礼我就给你回礼，你还要什么。所以，后来禅宗走向了"平常心是道"，就是人处在一个放松、自然、没有负担、不会固执、没有为欲望约束住自己心灵的一个状态。这个生活取向影响了中国很多士大夫，使得他们走上了寻求自然放松的道路。

当然，我们也要看到，它如果走到极端，就会走向放荡、走向放任自流。这是从宋代到明代的禅宗史上可以看得出来的，有这个趋向。但从根本上来说，它是瓦解了佛教的宗教性，我经常讲，南宗禅宗实际上是瓦解佛教的急先锋。因为一个宗教如果没有戒律，没有组织，没有仪式，没有崇拜对象，没有经典理论，这个宗教就瓦解了。但是它带来了另外一个问题，就是中国的佛教也正是因为这样，它没有那么绝对，没有那么唯一，它也不能够成为一个非常强大的宗教性的力量。

第二，在传统士大夫的人生观和价值观上，禅宗实际上对于儒家的精神世界是一种补充，也是一种补救，使得士大夫可以在责任和放任、入世和出世之间找到一种自我协调、自我放松的方式。儒家的传统是入世，是对社会负责任。比如孔子，他一定要恢复周礼，恢复西周君君臣臣、父父子子的秩序，他主要的贡献以及他的成就感，基本体现在社会上。"达则兼济天下"，这是儒家的理想。儒家所谓首先要"立德"，其次要"立功"，最不行你还要"立言"，所以，你的成功与否，要靠社会的承认，你的价值都要在社会上体现。虽然在先秦已经有老子和庄子对其进行批判，试图给士大夫提供另外一种东西，但是显然是不够的。

庄子曾经说过一个故事，楚国国君曾经邀请庄子到楚国做宰相，庄子就问来的使者说，听说你们楚国庙堂上有被祭祀的千年乌龟，是不是呀？使者说是。庄子就说，你如果愿意当在庙堂上被祭祀的千年乌龟就去当，我只愿意当在泥地里面慢慢爬的活乌龟。这就是庄子的想法，庄子认为，他需要从社会责任和世俗政治中逃离。庄子的这些思想到了禅宗中被发扬光大，因为禅宗有一套追求自然和放松的道理。大家都知道佛教是给人以解脱的，但是，禅宗是怎么说的？有人说怎么能得解脱？禅宗说"本自无缚，不用求解"，你只要放下一切，你就是自由的。所以说没有人捆绑你，你要放松，佛法就是平常无事，"屙屎送尿，着衣吃饭，困来即眠"。

这对士大夫的影响是很深的，士大夫受影响以后，他们就会有一个自我解脱的方法，在沉重的社会责任之外，能够找到一个自我解脱和自我放松的空间。比如在杜甫那里，理想是"致君尧舜上，再使风俗淳"，你需要做很多事情，但是在王维那里可能就不一样。所以在禅宗这里，就是给你提供另外一个空间，中国士大夫调适心理很重要的方面，就在于他一方面有入世的儒家精神，另一方面又必须要有一个自我放松的禅宗和老庄的思想。

第三，禅宗对中国文学和艺术影响很深。中国古代艺术，比如讲琴、棋、书、画，琴是指音乐，古代的音乐就已经有一种理论，叫"丝不如竹，竹不如肉"，丝就是弦，丝不如竹，因为丝还是经过人加工的，而竹是直接敲上去的。"竹不如肉"，肉就是人的声音。这里的道理就是渐近自然，越来越接近自然。到了禅宗，就更把它发挥到一个极致，所有的东西都不需要刻意地追求技巧，技巧是二等的，境界是一等的，所以你要弹无弦琴，这是它的最高境界。我们再来看棋，下围棋最高的境界是"流水不争先"，但是实际上，下棋就是步步争先，落了后手就完了，可是棋在理论上，最高境界却是"流水不争先"。大家看日本、中国的棋手，他们手中往往有一把扇子，上面写着"流水不争先"或者"平常心是道"。下棋都是争输赢的，可是它却叫你不要争，要顺其自然，这个有没有道理呢？也有一定的道理。下棋我们都知道要计算，计算是一个理性的行为，是一个充满了剑与火的互相杀戮的理性行为。可是，受到禅宗影响的中国人也好，日本人也好，都知道下棋的最高境界是感觉，不是那个计算，这个跟禅宗道理是相通

《雪景寒林图》 北宋范宽绘

《渔村小雪图》 北宋王诜绘

的。书法和绘画同样如此，如果书法里面永远都是刻意于"永字八法"，间架结构如何整齐，画的线条如何好，那永远成不了大师，大师经常是眼忘手、心忘眼，运笔自然挥洒。启功先生写的字是非常规整的，但是他却说，什么间架结构都不重要，只要自然就好，一定要自然。中国的绘画，也走向没有色彩，只是靠墨色浓淡表现一种心境，典型的中国的山水画和花鸟画，比如八大山人的画，画得都不像。如果你画得很像，大家都贬低你，说这只不过是照相机而已。真正追求的，是一个自然的意境，是超出理性和文字之外的东西。当然，它也在追求一种清远的、幽深的意境，大家可以看到，宋代以后中国的山水画，基本上都是一种幽静境界。像北宋范宽的《雪景寒林图》，王诜的《渔村小雪图》，所谓"烟岚古树""寒江独钓"，这里常常没有烟火，没有人迹，这些都是禅宗所追求的"空""静"的境界，所以山水画里面人都非常小，而且不占重要的位置。就连武侠小说中，武术最高的境界也是无招胜有招。大家都看过金庸的小说，张无忌向张三丰学剑法，张三丰问他剑法忘了吗？他说忘了三四成了。张三丰继续让他练，

然后再问他忘多少？他说全忘了。全忘了就是最高境界了。所以，禅宗一定是说：第一，你要去除你具体的技术；第二，你要进入一种空灵的状态；第三，是要达到物我两忘的境界。这就是追求的空、幽、深、远的境界。

后来很多人推崇的中国艺术的最高境界，基本上都是这样的。比如王维的诗，"空山不见人，但闻人语响"，空山没有人，但远远地好像听到有人声。"返景入深林，复照青苔上"，夕阳重新照到森林里面，照到了青苔上，好像是一个没有人的境界，但是并不是绝对的死一样的寂静。大家可以体会，"人闲桂花落，夜静春山空。月出惊山鸟，时鸣春涧中"，这几声鸟的叫声，才能够反衬幽深和安静的山林，如果都是绝对的静是不行的，一定是一个很放松但又很自然的安静状态。钱钟书先生当年写过一篇很有名的文章《中国诗与中国画》，说中国诗以杜甫为最高，那是因为诗歌承担着社会责任，杜甫是儒家的代表。中国画是超越的，追求一种空灵境界，所以它以王维为最高。中国绘画史上有一种南宗画，南宗画成了后来中国文人绘画的主流。

最后一个是禅宗对于中国文化，也是对世界现代文化的影响，是思维方式。对于现代思维世界来说，禅宗对于理性思维方法是一个补救。千奇百怪的禅宗语录，成为非常另类的、特别的思考方式，它对于今天的思维世界，尤其是西方传过来的科学和理性，也许会有特别的冲击和启发。西方的理性思维是以形式逻辑为基础的，它必须合乎逻辑，中国古代是按照道德理性来思考问题，它也要合乎道德逻辑，可是，禅宗思维要你回归到内心，体验到一个更加超越的境界，所以它不希望你被理性和语言所束缚。我经常开玩笑说，听见"酱肘子"这三个字的时候，马上就会觉得那是北京很有名的小吃，就跟曹操当年讲前面是梅林，使得士兵迅速流口水，解决了口渴一样，会让人联想起好吃的。但有人认为，望梅止渴过度地让人相信语言给你带来的世界，其实是落入了语言的圈套，落入了理性的圈套。所以，禅宗那种千奇百怪不合逻辑的东西是冲击常规的，是以非常对正常。但是，谁能说正常就永远是正常？西方的理性、科学，大家也都看出有一些问题，都希望有补救的方法。从100多年前开始，日本的学者到了美国，就是刚才我们提到的铃木大拙等人，他们用英文来描述禅宗的思想，给了西方一种另外的资源。从铃木大拙开始，日本京都学派的另外一个学者叫西田几多郎，以及后来一个比他们两个稍晚一点的叫作久松真一，都在努力向西方传播禅宗的思想。同时，在西方也有一批人，觉得要拯救西方思维的缺点，所以，从他们的角度努力引进和解释禅宗。比如德国存在主义哲学最重要的学者之一雅斯贝尔斯，他曾经研究佛教，对禅宗也很有兴趣，还专门写了一本关于佛陀的书。另外，心理学家弗洛姆跟铃木大拙合作，写过一本书叫《禅与心理分析》。德国哲学家海德格尔也对禅宗很有兴趣，他有一篇叫《什么是无》的文章，并提出要"诗意地栖居"等等。由此看来，也许是他们的一些思想借用了禅宗的一些非逻辑和非理性的思维，也许是禅宗确实是现代一种别样的思维资源。

我给大家念一些禅宗语录。有人问禅师说：什么是佛教的最根本的道理，他回答是这样的："仰面看波斯，面南看北斗。"波斯在西边，为什么要仰面看？北斗在北边，为什么要向南看。他就是要打破你对语言和理性的执着，因为南、北、上、下只不过是一个词，是一个约定俗成的符号，并没有那么永恒的规定性。

最后我要和大家讲一下，禅宗的现代意义，尤其是20世纪80年代以来，中国为什么出现禅宗热？这和我本人的研究经历有关系。刚才主持人介绍说，在25年以前我写过一本书，叫作《禅宗与中国文化》。那是在20世纪80年代中国文化思潮的大趋势下写的，整个80年代，我们可以把它称为"文化热"。这个"文化热"其实是在一种非常矛盾的心态之下展开的。打倒"四人帮"，改革开放以后，当时重新回到一个正确的道路上，人们从理智上都向往现代化，大家都觉得现代化是我们追求的大方向。所以，"五四"以来批判传统文化的大潮在20世纪80年代重新开始，鲁迅的"批判国民性"是那个时代的文化主旋律，对于影响到中国人国民性、造成我们落后的东西都要批判，包括对孔子和儒家、对传统文化的批判。借助对传统文化的批判，来讨论我们是否应该重新回到追求现代化的道路上，这是在晚清以来"追求富强"的延长线上，追求民主、科学、自由是当时的理想。当时，我们很多人都在讨论，是什么原因造成中国人落后，当时对于文化心理的研究常常带有批判性，禅宗、道教、儒家常常会被当作批判的对象。对于追求现代化来说，要脱掉过去的那件衣裳，要把自己身上的枷锁解除，所以禅宗在那个时候是被当成一个负面的文化传统发掘出来的。

这是一个方面，还有另一方面。毕竟大家都是中国人，尤其是中国的文化人，对于自己的传统和历史又有很依恋的地方。而且传统中国有一种中国是天下文化大国的心态，中国人也不怎么甘心仅仅追随西方，觉得自己传统里面还是有好的文化资源，所以，又想发掘一点自己的文化资源作为解脱超越的动力，也不完全相信西方文化，觉得自己的传统也有好的地方，这个时候非主流的禅宗、道教就被发掘出来了。

2000年，我到欧洲访问，我的一个比利时朋友打电话告诉我，说今年诺贝尔奖要颁发给高行健，我当时听了觉得很有趣。第二天到荷兰的莱顿大学，那里的朋友说，你和我们讲讲高行健的《灵山》，我当天晚上把《灵山》看了一遍，发现他的《灵山》对于中国文化的记忆和评价，停留在80年代的"文化热"。在那个时候，被他发掘出作为异类文化资源的，是道教、禅宗，而不是儒家，儒家是主流，是被批判的，在80年代被批判得很厉害，所以，禅宗、道教成为高行健《灵山》中的主要文化背景。还有一个就是，《灵山》讲的不是中原，而是讲边地，是讲贵州。这三个边缘的传统文化，仍然在高行健等20世纪80年代人的心里面象征着自由与反抗，是可贵的文化资源。

上面这两方面结合起来，就刺激了那个时候对于禅宗的兴趣，但是更重要的原因，还是出口转内销。经历过80年代的人，应该都会知道有一套书叫作"走向未来"，其中有一本书是卡普拉的《物理学之道》。卡普拉是一个很有反叛性的人，他学了一点东方的思想，老觉得西方物理学有问题，就借用东方的禅宗思想来讲西方科学的问题。这本书当时翻译到中国来，给大家带来了很大的刺激，觉得原来我们自己家里也有好东西，都受到西方人的追捧，这时加上铃木大拙的书也翻译成中文，大家就觉得不得了，于是对禅宗就产生了非常大的兴趣。但请注意，在这个时候，对于禅宗的理解大概都有些郢书燕说，就是有自己的一套想法，借了禅宗来说事儿。包括我自己，我也要不断地检讨，我当时写的那本书，其实是借了禅宗来说事，是表达自己对社会、文化和传统的看法。但我今天是以一个研究历史的角度来讨论禅宗的。

谢谢大家！

第七篇

当图像成为文献

——从职贡图与苗蛮图看历史中国之「外」与「内」

这是2015年在上海博物馆的演讲，曾收入上海博物馆编《壁上观：细读山西古代壁画》（北京大学出版社，2017），这是修订稿。

各位朋友：

大家好。

很荣幸借着上海博物馆和山西博物院合办山西古代壁画展的机会，和大家谈谈艺术图像的话题。其实，我本人对图像和艺术这方面没有研究，所以，这里我就选择一个我自己比较有兴趣也比较有心得的话题，用一些图像，来讨论中国的"外"和"内"。我选取的材料是从各种"职贡图"到各种"蛮夷图"。我想用"职贡图"来看中国之"外"，用"蛮夷图"看中国之"内"。当然我要先说明，在传统帝国时代，这个疆域、族群的"内"与"外"是不断移动的。

大家都知道，图像不说话，但是从古代以来，很多人都说过，中国有一个传统，就是左图右史，郑樵《通志·图谱略》曾经说："图，经也，书，纬也，一经一纬，相错而成文……古之学者为学有要，置图于左，置书于右，索像于图，索理于书。"也就是说，又要看图，又要看书。《新唐书·杨绾传》里有这么一句话："独处一室，左图右史。"可是，长期以来研究历史，基本是看文字文献，看有字儿的书，那个没字儿的画，视觉图像，好像不容易直接用来做历史研究。

可这个传统在现代西方史学界早就被打破了。西方人将图像作为历史、作为研究历史的材料，已经是很长的一个传统了。彼得·伯克（Peter Burke）可能是近年来对中国学界影响最大的介绍西方历史学理论的一个代表人物。他2003年写过一篇文章《作为证据的图像：十七世纪欧洲》（Images as Evidence in Seventeenth-Century Europe），里面就说，图像作为历史证据相当重要，应当把图像视为"遗迹"或"记录"，纳入史料范围来处理。他甚至认为，现在的学界已经有一个"图像学转向"（Visual turn或Pictorial turn）了。

关于彼得·伯克说的这些，大家可以去看他的书《图像证史》，他会告诉你怎么让图像说话。

一、古代人眼中的世界：
从《职贡图》到《皇清职贡图》

首先，我要讲一段引子——从《职贡图》到《皇清职贡图》，看看古代中国是怎么样描述"天下"、表现"异域"的。

古代的这个"职贡图"，用大白话讲，就是"看外国人"。在世界还没有沟通得那样顺畅的情况下，"看外国人"

是一个很有趣的事儿。一般民众当然是好奇、紧张、自豪；知识分子是为了掌握知识、了解世界、进行比较。所以，后来会发展出人种学、民族志这样的东西。最喜欢看外国人的人里面，还有历朝历代的统治者，古代中国非常古老的书里就说"击石拊石，百兽率舞"，各国诸侯来朝拜，天子看有这么多匍匐在脚下、为我所笼罩的异邦，心里会很快活。传说，大禹在会稽聚会诸侯，其中有一个部落酋长防风氏来晚了，就被杀掉，天子借此立威。所以，这是一个很重要的传统，在《逸周书·王会》篇里，也讲到四夷来朝，有东夷、南越、闽瓯、西戎义渠、北狄肃慎，各个地方的人来朝拜。

但是，据学者研究，形成制度并有实际记载，大概是到汉武帝时代了。日本学者榎一雄曾经讲过，到汉武帝以后，形成了中国要面子、外国要里子的这种朝贡——这句话讲得很简单，说的是中国通过各地诸侯和外国首领来朝拜，获得中央天子的尊严；朝贡表面上是四方向中央进贡土特产，实际上中央要向各地赠送的东西，远远超过他们那些贡品的价值。

不过，汉武帝时代并没有关于这种朝贡的图像，只是在文字里面看到一点。如《汉书》里记载，汉元帝建昭三年（前36）打败了郅支单于后，画过他们的图。据说是"甘泉写阏氏之形，后宫玩单于之图"。汉代王延寿里写的《鲁灵光殿赋》里边说"胡人遥集于上楹"，也就是鲁灵光殿的楹柱上，画有胡人的形象，但是这些都没留下来。

秦汉以后，中国对于四夷的知识越来越多。这里有两篇典范的论文。一篇是日本学者桑原骘藏的《佛教的东渐和历史地理学上佛教徒的功绩》（1898），一篇是中国学者贺昌群《汉代以后中国人对于世界地理知识之演进》（1936）。这两篇文章都讲了中国对于世界、对于四夷的了解。西汉时，已经了解西边，包括撒马尔罕，以及现在的吉尔吉斯斯坦地区，还有波斯、小亚细亚、印度这些地方；到了东汉，西边甚至了解了条支、大秦，也就是我们现在讲的罗马，而北方就知道了丁零、坚昆，到了贝加尔湖，东边则是和日本有了明显来往，在九州发现的"汉委奴国王印"就证明了这一点。后来，到了魏晋南北朝时代，那有关外部世界的知识就更多了。

在那个时代，古代中国人对外国人已经有了好多明确的知识。不过，真正开始对异国异邦做绘画记录、保留下来的最早的，就是传说是梁元帝萧绎所作的《职贡图》。梁元帝《职贡图》的原本已经不见了，现在留下来三个不同的摹本。其中一个北宋摹本，留下了12个图像和13段文字，那12个图像是：滑国、波斯、百济、龟兹、倭、狼牙修、邓至、周古柯、呵跋檀、胡蜜丹、白题和末。还保留下有关宕昌的文字，所以是13个国家。但根据《艺文类聚》保存下来的梁元帝序文和其他一些资料，我们得知，原来完整的《职贡图》还有一些国家，如高句丽、于阗、新罗、

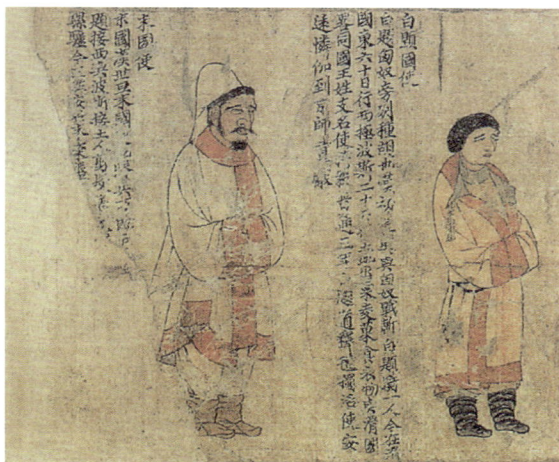

《职贡图》（原作传为南朝梁萧绎作） 北宋摹本 中国国家博物馆藏（6-1）

《职贡图》（原作传为南朝梁萧绎作） 北宋摹本 中国国家博物馆藏（6-2）

《职贡图》(原作传为南朝梁萧绎作)　北宋摹本　中国国家博物馆藏（6-3）

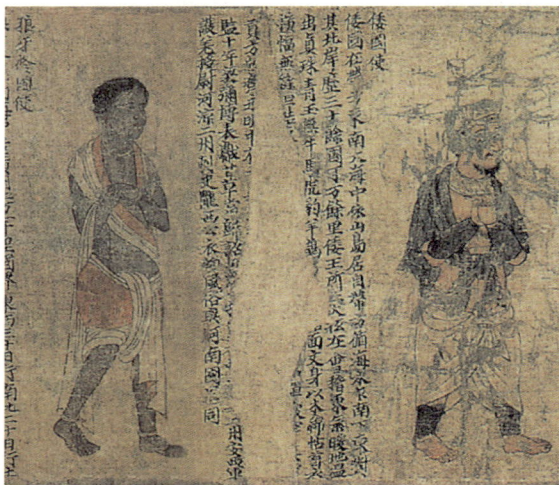

《职贡图》(原作传为南朝梁萧绎作)　北宋摹本　中国国家博物馆藏（6-4）

《职贡图》（原作传为南朝梁萧绎作） 北宋摹本 中国国家博物馆藏（6-5）

《职贡图》（原作传为南朝梁萧绎作） 北宋摹本 中国国家博物馆藏（6-6）

渴盘陀、武兴藩、高昌、天门蛮、建平蛮、临江蛮、中天竺、北天竺、狮子国，一共是35国。近来这些年，中国学者王素和赵灿鹏，在清朝的书里发现了已经亡佚很久的相关部分，保存了7篇文字，其中宕昌那一篇，可以和原来保留下来的残缺不全的宕昌接起来。所以现在，一共是保留了18个国家的文字、12个图像。

这些文字和图像，能给我们一些什么样的知识呢？告诉我们一个什么样的世界观呢？

首先，要说明的是，这一《职贡图》的35个国家，大体上符合南朝梁代，也就是公元6世纪的外交情况。这些国家很多不见于《宋书》和《南齐书》，但是和《梁书·诸夷传》吻合。这说明画这个《职贡图》的梁元帝萧绎——他当时还是荆州的地方长官——是有实际的观察和资料的。

第二，这个《职贡图》还呈现了南朝梁与外界的实际交往情况。第一个记载的是滑国，为什么是滑国呢？滑国在现在新疆一带，刚好那时特别强盛，西边到了天山南麓。它往西边迁徙时，征服了焉耆、龟兹、疏勒、于阗，甚至打到了波斯。所以，它确实是南朝梁代所知道的西边最重要的一个国家。还有，为什么把百济放在第二位？有学者指出，在南朝梁代以前，东北这些国家里，对中国来说最重要的就是高句丽。但到了这时，百济越过北方的北魏，能直接通过海上和南朝梁代沟通，而且也成为中国和日本之间沟通的桥梁，地位越来越重要，所以，百济就放在前面了。这说明这个职贡图的记载是可靠的，它记录了南朝梁代，中国对于周边国家的认知。

但第三，在这里还要特别强调一点，就是在现在保留下来的18段文字和12个图像里，我们要注意一些特殊点。比如，其中有个五溪蛮，又叫五溪攀，在今天的湘西、贵州、重庆之间。新发现的一段文字里写道，五溪蛮的言语与中国略同，婚姻备六礼（儒家仪礼里讲婚姻的六礼），而且它知诗书，懂得中国的经典。如果我们从现在来看，它显然不是外国，可是在当时，它是被当作诸夷，也就是朝贡国来看待的。同样情况的还有，在今天湖南湖北一带的天门蛮、临江蛮，还有建平蛮，以及属羌族的邓至、宕昌。我们可以看到的一个现象就是，"中国"在当时人的意识里，没有像现在这么大，那些地方在当时还是朝贡的"外国"。所以，这里就有一个道理要明白，中国的"内"和"外"是不固定的，不能拿现在中国的版图倒推历史上的中国。

中古史里，一个很重要的事就是地理上中国的不断扩大，包括江南的开发，使得南方大片土地纳入帝国疆域，当时所谓溪洞濮蛮，也就是山民蛮族逐渐纳入中国的文化圈，由于中原中国和周边民族发生交往和冲突，使得"中国"开始越来越向四周发展，于是"外"有时就变成了"内"。

在这里，《职贡图》承担了建构帝国、描述天下的功能。一方面，它记录了自己周边来朝贡的不同民族和国家；另一方面，它也记录了中国当时的自我和周边疆域是什么样子。后来，"职贡图"逐渐成为一个绘画史上重要的主题和传统。比如，唐代有《黠戛斯朝贡图》，李德裕曾经提到过它；传说里面，阎立本和周昉描写朝贡活动的《步辇图》或《职贡图》，也是类似内容；唐代章怀太子墓壁画里，有好些异国人模样，我想也可以叫作《职贡图》吧。后来，在宋代有李公麟的《万方职贡图》，记载了占城、浡泥、朝鲜、女真、三佛齐、罕东、西域、吐蕃。元代、明代都有画家画"职贡图"，一直到清代还有苏六朋的《诸夷职贡图》。

可是，这些职贡图有一半是写实，也有一半带偏见。所谓"写实"就是刚才我们讲的，梁元帝萧绎做记录时，确实有很多资料、很多观察。但为什么又有"偏见"呢？因为古代中国长期以来的那种自命天朝，自认为是文明中心的这样一个观念，使得它对四夷都有一种鄙夷，因此，也会采取图像描述这些民族的丑陋、野蛮和怪异。所以，大家看南宋大诗人刘克庄给李公麟《职贡图》写跋时就说，一方面尽管有的外邦离开万里，李公麟所画"非虚幻恍惚意貌为之者"——不是随意地虚构想象的，至少关于日本、越南、波斯这些画得还是很准确的。但是尽管如此，另一方面，他也还是把异国人想象成野蛮人，把他们的王画成这样："其王或蓬首席地，或戎服踞坐，或剪发露骭，或髻丫跣行，或与群下接膝而饮（没有君臣之分，大家坐

章怀太子墓壁画　陕西博物馆藏

在一起喝酒），或瞑目酣醉，曲尽鄙野乞索之态（好像是很野蛮的样子）。"特别是有人讽刺说，明明四夷都和你分庭抗礼了，你还是吹牛，说得好像仍然"万邦协和，四夷来朝"似的。

到了清代，官方的"职贡图"把西洋人也画进去了，说明那时候，中国人的外部接触和世界知识已经越来越多。刚才说，中国人对外国人的想象，有时候是把他们想成"非我族类"，也就是说不像人类的样子，这个传统是从《山海经》开始的。可是到了清代，这个传统略有改变，因为清代对世界的认知比以前扩大，也比以前清晰了。清代官方所修的《四库全书》已经把《山海经》《神异经》从地理类移到小说类里了；《职贡图》里的英、法、荷、

《职贡图》 英吉利国夷人

《职贡图》 英吉利国夷妇

《职贡图》 大西洋国夷人

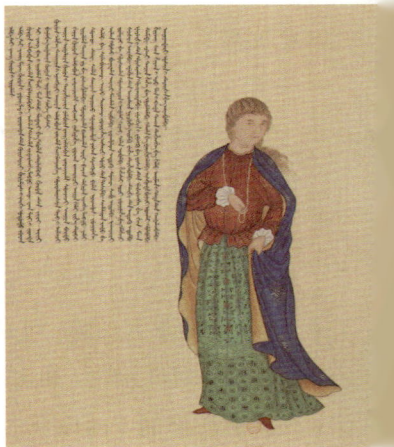

《职贡图》 大西洋国夷妇

法蘭西國夷人

《皇清职贡图》 法兰西国夷人

法蘭西國夷婦

《皇清职贡图》 法兰西国夷妇

荷蘭國夷人

《皇清职贡图》 荷兰国夷人

荷蘭國夷婦

《皇清职贡图》 荷兰国夷妇

《万国来朝图》 清代乾隆年间绘　故宫博物院藏

意这些人，画得也比较写实了。当然，主要的传统还没有变，清代仍然在想象自己是天下中央，四夷来朝，所以，"职贡图"最后也是最有名的作品，就是乾隆年间的《万国来朝图》。

二、四海之内：《苗蛮图》里看华夷

接下来我们讲"内"。

中国历史几经变迁，秦汉唐宋，就不多说了。到了明代，又变成汉族为主的帝国。但大明帝国的版图有限，大明虽然东北有所开拓，但十五省的疆域，西边只到嘉峪关，所以在台北故宫所藏的《西域土地人物图》里就说，古代酒泉（肃州卫）是中国的绝域重地，"嘉峪关外，即非我有"，这种情况明显地表现在明代绘制的地图里，像大家看到的明代这幅《四夷总图》，明王朝自己认定的地盘，就是北边从东到西是辽东、宣府、大同、宁夏、甘肃，西边从北到南是西宁、松潘，东边从北到南是山东、南京、浙江，南边儿呢，从西到东就是云南、广西、广东，加上福建。所以，从地图里有时候也可以看到那个时代有关中国"内"和"外"的认识。

但17世纪中叶，历史发生了一个非常大的变化，大家都知道是明清易代。满人入主中原，清代中国超越了大明王朝十五省的范围。在满人还没有入关前的天命九年

（1624），努尔哈赤降服了蒙古科尔沁部；天聪九年（1635），
并吞了蒙古的察哈尔部，成立了蒙古八旗；皇太极崇德七
年（1642），也就是进关的前两年，又成立了汉八旗。可以
说在清军入关以前已经是一个满、汉、蒙古族的混合帝国。
到了顺治元年（1644）清军入关，建立了大清王朝，康熙
二十二年（1683）收复澎湖和台湾；康熙二十七年（1688），
漠北蒙古由于准格尔的入侵归顺了清朝，康熙年间打败了
准格尔，因此整个内外蒙古和青海地区归入版图。最终，
乾隆二十二年（1757）进入伊犁，乾隆二十四年（1759），
清军进入喀什和莎车，最终平定了准格尔、天山南麓、大
小和卓，有了新疆，那个时候叫回部。中国就成为合了满、

明代《四夷总图》

汉、蒙、回诸族的一个超级帝国。接下来，西藏因为宗教的缘故和蒙古关系密切，清代拥有满洲、蒙古、回部，和西藏的关系也密切。从顺治到乾隆年间，册封达赖、班禅，又打败廓尔喀，即尼泊尔入侵，制定了善后章程，派了福康安到西藏，确定金瓶掣签制度，中国就变成了满、蒙、汉、回、藏这样五族的大帝国。

　　"五族"是一个大家很熟悉的词，以前讲"五族共和"，但其实还有一个"苗"。从明朝开始到清雍正、乾隆年间，在西南地区逐渐实现的改土归流，把西南苗彝诸族，从原来的土司、土官管理，变成国家控制下的州、府、县、厅管理，中国就变成了满、蒙、汉、藏、回、苗的六族大帝国。对在乾隆年间完成的这个大帝国，乾隆皇帝自己也非常兴奋，他称之为"十全武功"。十全武功包括两次平定准格尔，一次平定回部，两次平定金川，收复台湾和澎湖，征服缅甸，两次打败廓尔喀对西藏的入侵。这个时候是中国疆域最大的时候，清朝皇帝好大喜功，喜欢夸饰这个庞大的王朝，也喜欢吹嘘自己的伟大业绩，所以在这时，"职贡图"的传统蓬勃发展。乾隆十六年（1751），乾隆下诏由军机处统管，让各地长官按照一个标准模式绘制自己所在地的山川地形风俗。到乾隆二十二年（1757），即将征服回部的时候，太监胡世杰交上了一部书，叫作《职方会览》，乾隆看了很高兴，下令让宫廷画家郎世宁、丁观鹏等，按照这种图册来画《皇清职贡图》。

由此陆陆续续地，在以后二三十年里，各种画家画了好多这类反映各地异族风情民俗的图册，最出名也是最多的，是有关云南、贵州的《滇夷图》《百苗图》，或者叫《苗蛮图》，我们现在看到的有好多种。按照现在的民族和国家观念，这些人已经是中国人，可是当时是身份逐渐转移的时代，是边缘的化外蛮夷向国内的编户齐民转化的时代。

三、重审内外：殖民、汉化与中国概念的再探讨

我总觉得，在这些表现云南、贵州等西南苗彝的绘画里，我们可以思考很多现代学界争论的问题，也可以更好地重新理解清朝的历史。

其中，第一个重要的问题就是"殖民"。最近二三十年里，由于全球史成为西方历史学界的潮流，相当多的欧美历史学家，提出了一个对中国相当有挑战性的说法：东方的清帝国对于边疆的政策，和西方即英、法、西、葡、荷等帝国对外的政策是一样的。在他们看来，大清王朝"十全武功"，征服西藏、回部、台湾，以及西南的改土归流，跟英法殖民主义没什么两样，都是18、19世纪全球殖民主义浪潮的一部分。在这种情况下，这些图像作为文献，就变成了研究大清帝国殖民主义的资料。我介绍两本书，一是濮德培（Peter C. Perdue）的《中国西进：大清征

服中亚》（*China Marches West: The Qing Conquest of Central Eurasia*），讲的就是中国征服回部的那一部分。另一本是何罗娜（Laura Hostetler）的《清代殖民事业：前近代中国的人种志与图像学》（*Qing Colonial Enterprise: Ethnography and Cartography in Early Modern China*），讲当时的大清如何把西南的异族逐渐变成大清帝国的编户齐民，把西南地区正式纳入大清版图的这样一件事。

我们现在碰到的棘手问题是：大清帝国对西南是殖民吗？一说"殖民"，我们中国学者往往很不高兴，觉得我们一直受帝国主义欺负，成了半殖民地，结果你们还说我们"殖民"。但是，他们用"殖民事业"这个词是有背景的。近年来，在全球史背景下的新解释在国际上非常流行，甚至推动了一个潮流，这个潮流就是有关中国边陲的历史学和人类学研究。这些兴盛的研究包括两部分：一是讨论中国现在的边疆地区是怎样被整合进帝国的，用他们的话说，就是那些西南的异族是怎样被"殖民"的；另一方面，是从人类学、民族志的角度重新认识那些边缘的异族，他们是否从人种和民族意义上与内地汉族有所不同，通过这种研究来讨论民族的"本质性和建构性问题"。

他们有没有道理呢？一半有道理，一半没有道理。为什么说一半有道理呢？因为，这里确实有可以引起我们反思的地方。确实，中国边陲的一些地方，你不能说历史上就是中国的，因为中国历史上的四周疆域是不断变动的。

比如云南就是最典型的例子，从张骞通西域，到诸葛亮南征，似乎我们都认为云南很早就是中国的版图。但是，我记得我以前在清华大学教书时，曾经在老图书馆阁楼上发现陈寅恪当年的一个学生写的论文，叫《唐代有关云南之诗文》。陈寅恪在上面批了，大意是说，文献收罗很全很有用，但是那个时候云南的文化和中国文化相差很大，不能解决中国文化的问题。从陈寅恪的话可以看出，云南那个时候还是化外之地。他说的不错。特别是到了宋代，大家可能都知道一个故事，就是宋太祖赵匡胤用玉斧在地图一划，说大渡河那边我都不要了（"此外非吾有也"），于是，南诏大理，也就是现在的云南成了外国，所以《宋史》将云南写入"外国传"。可是，到了元代，云南又收回来了，明继承元，也把云南划进大明帝国的版图里。可是，大家要记住，到了明以至于清，所谓"千洞百蛮"，那个地方还是归土司管的，它和内地行政上的府、厅、州、县这样编户齐民的政府管理是有区别的。明代虽也有改土归流，但一直要到康熙、雍正、乾隆时期，才逐渐完成大规模的改土归流，真正把西南纳入版图、当作中国内地一样来管理。因此，广西、云南、贵州这些地区在很长一段时间里和中国内地是不太一样的地方，这就引起了很多西方学者的注意。如果大家注意看近二十年来英文世界的著作，你会注意到，这里有很多书，都是不把它放在中国历史的范围内，或者不把它当作中国的"边陲"来讨论的。那么，这个问题该如何解决呢？

那么，这是不是大清帝国的"殖民"呢？我说这个说法还有"一半没道理"，就是因为我们不能简单地说，这和西方列强在亚洲、非洲的征服是同一个"殖民"。如果我们研究《黔苗图》《滇夷图》和《台番图》，要注意以欧洲近代英、法、西、葡、荷的殖民来跟中国明清改土归流进行对比，要看清有三个不同。第一，是跳出本土远征海外，还是从中心向边缘的逐渐扩大？第二，是为了掠夺资源，还是纳入帝国？第三，是保持宗主国与殖民地的异质性，还是要逐渐地把蛮夷文明化？所以，西方学者能在全球史这样的新背景下看到相似相近之处，但我们也一直在提醒，也许它们之间有差别。

第二个问题是"汉化"。一说"汉化"，有的欧美学者就不干了，因为这里面有"汉族中心主义"。但是，我们之所以不简单地说是"殖民"，就是要重新思考有关"汉化"的问题。最近关于"新清史"的讨论很热闹，"新清史"研究里，有一个很重要的地方是反对"汉化"这个说法。很多年前，何炳棣提出大清帝国之所以能够成功统治中国，是因为满族人的汉化。但是，美国的一些学者，首先是罗友枝（Evelyn S. Rawski）就反对这个说法，认为大清帝国之所以能控制这个地区，原因之一恰恰不是"汉化"，而是坚持了满洲认同和多元统治。

新清史有它的道理，不过，这里涉及"汉化"的事实

黑生苗在清江境内性
情凶恶劫富户而居则
明火持械犯之雍正十
年征服今皆中法

《苗蛮图册》 生苗

宋家苗作贵阳安顺三府亦
国之商春秋时说阮而入
为夷即宋宣慰之祖也
其语古文字杂汉间
男子帽向长裙妇人穿
两袖裙裙男家逼
人背迎女拿执械
进赶谒之拿观丧
造饭疏饮术近多
请书入泮男耕女
织

《苗蛮图册》 宋家苗

《苗蛮图册》 大头龙家蛮

对不对的问题。我认为，要是不对"殖民"和"汉化"两个词作价值判断，只是把它当作一个历史的"过程"，那么，完全否认"汉化"论，恐怕也有一点儿问题。大家看《苗蛮图册》，一方面，可以说它很写实地描绘了贵州苗族或彝族保持的很原始、淳朴，或者也可以说是野蛮的风俗，包括好斗、生食、男女不经媒妁之言等等。另外一方面，它又描述了其他面，如：生苗，也就是比较不开化、比较野的那支，"雍正十三年征服，今皆守法"；另外，贵阳附近的宋家苗，"语言文字悉与汉同……读书入泮，男耕女织"，这已经是文明；大头龙家蛮，则是"男女勤耕

花苗性耿直與紅苗
青苗黑苗皆黔種流
入滇境其類以衣為
別勤業守法昭通府
屬魯甸永善有之

《滇省夷人图说》 花苗

舍武一名舍烏性的俗儉惰耕牧之暇結網羅以佃漁寒暑皆衣麻見人輒畏避開化府屬有之

《滇省夷人图说》 舍武（舍乌）

力作"。在各种《苗蛮图》里，都有类似叙述和描绘。台湾的《番社采风图》，也讲他们读书识字、春米耕作，像汉人一样。《皇清职贡图》的"归化生番"讲，甚至像阿里山土著也"语音颇正""岁输丁赋"——也就是不仅版图逐渐纳入了同一"帝国"，生活也渐渐地接近了所谓"文明"。在关于云南的《滇省夷人图说》里也描述说，花苗"勤业守法"，舍乌"性弱俗俭"。当时负责绘制的官员叫伯麟，他的跋里就说，"百濮诸蛮，尽为编户"，这个就叫作"涵濡沐浴，驯悍为淳"。什么叫"编户"，就是进入了帝国的统一行政管理，什么是"淳"，其实就是"变其土俗，同于中国"，生活习惯已经文明化了嘛。

清代有个官员叫贺长庚，他曾经这样描述云南苗彝，说大清帝国西南苗彝渐渐读书习礼，而且往往通过科举取得功名，甚至"服食婚丧悉变汉俗，讳言为夷矣"。从这点上来看，"汉化"论是不是也有一点点道理？因为大家都知道，在古代东方传统里，汉人和蛮夷之别包括很多项，有人归纳：是否使用筷子，是否有定居农业，是否遵从父系家庭制度，是否从夫而居、遵守婚姻礼仪，是否按照规定的丧葬制度、家族祭祀，是否使用汉字，等等。美国学者罗威廉（William T. Rowe）写清史，其中就讲到以上这几项。我们从这些图册里面可以看到，在整个改土归流的过程中，当然有血与火，有残酷的征服，才把西南各民族逐渐纳入帝国版图，当作政府管辖下的编户齐民；但另一方面也在强调男耕女织、识字守法这样一些来自汉族文化的生活习惯特征。实际上，恰恰是在用汉族的一些风俗当作文明标准，来改造、驯服和想象那些边陲民族。

第三个问题，在当时的"中国"谁是"我者"？究竟对于这些"他者"，是谁在观察？欧美学者非常强调满族作为主体，但事实上应该说，在大清帝国的文化里，"我者"本身已经开始发生族群融合。大家可以注意到，在《皇清职贡图》中，没有汉人、蒙古人、满人，这说明绘画人的立场是站在"我"这边儿，而"我"则包括满人，也包括了汉人、蒙古人。这是大清帝国复杂的主体和认同。这就引出另一个问题，也就是我们现在看到的《黔苗图》《滇夷图》《台番图》，实际上都是从汉人、蒙古人、满人的眼睛里看出去的。换句话说，当他们描述什么是文明，什么不是文明，什么是异族，什么是异俗时，其实是有一个主体的眼睛在那里，是他们在观察、在评价"滇夷""黔苗"和"台番"，而不是苗族人、彝族人、台湾人自己在评价自己。因此，这些图像不完全是历史。有些学者用《苗蛮图》当作苗族资料，有些学者用《番社采风图》来当作台湾平埔族的资料，就应当有所甄别和有所分析。因为这些图的作者是官方的官员，怀有特别的意图，他观察、选择、叙述的角度与方法，是有一个模式、一个套路的。

我举一个例子，大家看一幅画，这幅画收在1671年阿

西洋人所绘早期台湾土著（选自 *Ilha Formosa-Het Schone Eiland*，
Amsterdam, 1671）

姆斯特丹出版的一本书里，画的是台湾土著，手里提着一
个血淋淋的人头，显然是在表现台湾生番的残忍。那么，
这个观察者是谁呢？是早期来到台湾的荷兰人。我们在看
荷兰人描述这些少数民族的习惯、图景时，一定要注意，
他的观察、选取一定是有背景的、有不同的立场，这是他
主体意识的投射，是自认为文明世界对野蛮世界的观察。

最后一个问题，从《职贡图》到《苗蛮图》这样的一
个图像序列，引发我们重新思考，传统中国到底是一个什
么样的国家？大家都知道自从柯文以来，一直到"新清

史",西方的中国历史研究,在某种程度上是回应和修正费正清的。但是,实际上费正清很早时讲的一些话,我觉得还是很有道理的。他说:历史上,中国自认涵盖了一个"中国区",(空间)包括韩国、越南、琉球,有时还加上日本;一个由非汉人的满人、蒙古人、维吾尔人、土耳其人和西藏人所组成的"亚洲内区",为了安全理由,他们必须加以控制;再加上一个由化外之民组成的"外围区",但他们仍会向中国进贡,并承认中国的优越地位。换句话说,费正清理解的中国是一个帝国,这个帝国不像现代国际关系里的民族国家,每个国家是独立和平等的,各国之间有明确的界线;在帝国里,它的内和外是根据关系的远近亲疏来区分的,就像我们以前的"五服制度"讲的,它是一个由近而远的序列。所以,他指出,历史上,中国对国内和国外缺乏明确的界线,"他们的世界秩序只是内部秩序的增长,也就是中国文明认同的扩大和投射",因此可以成为越来越大的"同心圆"。他们不容易接受多元的、多极的观念,却接受主从、上下、等级式的秩序观。费正清认为,这个观念一直延续到当代,"当代中国文明仍依赖类似模式构建"。

　　在我看来,费正清对于传统中华帝国的描述,还是有一定道理的,因为正是从《职贡图》到《苗蛮图》,我们看到,传统帝国就是一个由内到外,逐渐向外推的天下秩序。这个天下秩序里,远近、亲疏、高低是按照跟中央王朝的远近亲疏来确定的，而中央王朝始终也希望把自己的力量和文明向外推。——这就是我们今天要通过《职贡图》和《苗蛮图》来讨论的问题。

四、让图像变成文献：
在图像与历史之间的几个例子

最后我想说，今天我的目的，其实就是要和大家讨论，图像可以为历史研究做什么，历史研究又可以为图像做些什么。

我以前写过一篇文章，举了几个用图像作为史料的例子。第一个例子是《五岳真形图》，很明显这是一幅地图。按照日本小川琢治、英国李约瑟的解释，这是中国最早的等高线地图。因为这个图上标了很多"从此上"，还标志着说哪里有石头、哪里有药材、哪里有仙草，还有哪里到哪里是若干里。问题是，这个地图在道教里，变得越来越抽象化、神圣化、秘密化，变成了道教画的符。为什么会这样呢？从地图到文字，从文字到道符，这个过程，其实有很多可以捉摸思考的地方——如果只是地图，怎么会有神秘力量呢？只有抽象化、秘密化、神圣化，它才能够成为道教的有神魔力的东西，而且道士才能垄断它，否则的话谁都可以画。如果你是研究宗教史的，你从这个例子里面，可以琢磨出什么道理呢？

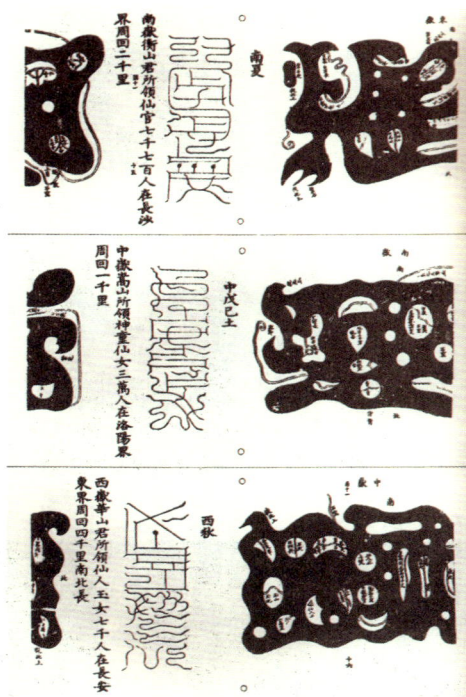

《古本五岳真形图》

　　第二个例子，我们看到，这里有欧洲某教堂里的塑像，有法国吉美博物馆藏的观世音像，有福建德化窑何朝宗款的祥云观音，也有日本长崎大埔堂曾经作为圣母的观音像。同样都是这个形象，她可以是圣母、是观音，而且她在欧洲、在中国、在日本，发挥着不同的作用。日本历史学家宫崎市定曾经说，15世纪之后，中国的观音像传到欧洲，曾经影响了欧洲圣母像的制作；但是欧洲的圣母像

欧洲某教堂塑像

法国吉美博物馆藏的观世音像

福建德化窑何朝宗款祥云观音

日本长崎大埔堂曾经作为圣母的观音像

通过传教士16世纪传到中国以后，又对中国绘制观音产生影响。大家看这一个观音像，她的胸口是十字架，还是璎珞？又比如，福建德化窑何朝宗款的祥云观音是很有名的，在明清之际曾经出口到日本。大家都知道日本有过天主教迫害，日本禁绝天主教后，长崎那些顽强的天主教徒不能直接用圣母像来礼拜的时候，用的是观音像。对于同一个观音形象在不同地区的流转和崇拜，我们能解释出什么内容来？其实这其中有很多可以思考的。

第三个例子是比利时的钟鸣旦（Nicolas Standaert）教授发现的一个有趣的现象：欧洲16世纪画的人体骨骼图，被收录到欧洲一本人体解剖的医学书里，这个人体解剖书

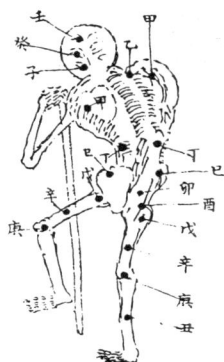

欧洲16世纪人体骨骼图与《人身图说》中的周身背面骨图

《鬼趣图》　清罗聘绘

被传教士在明末翻译成中文，叫作《人身图说》，用了同样的骨骼图，但又加上了很多甲乙丙丁戊己庚辛这样传统中国的标识，在中国刻板印刷。可是有趣的是，这种人体解剖图，没有在清代的医学界流传，倒是进入画家笔下，清代扬州八怪罗聘的《鬼趣图》里，就用了这个骨骼图来画鬼。这是一种非常有趣的挪用，把科学性的插图变成艺术性的绘画，把人体骨架画成死后的鬼形，掺入了很多阅读者和绘画者的文化背景和文化想象，这其中也可以解释出很多东西。

所以我觉得，在图像中我们可以发现很多问题，在中国艺术史领域，我们有很多东西还不能很好地解释，也许我们需要更多努力来探索图像背后的东西，逼迫图像开口说话。只是，现在图像研究需要一些新的解释方法。我觉得现在的图像解说往往停留在对内容描述说明的阶段，对它的解释还不够。我建议大家去看美国记者约翰·道尔的《拥抱战败》，这本书曾得过普利策奖。书里讲1945年后日本如何从战败中解脱出来，从容地接受失败。我们可以看他是如何利用日本的海报、漫画、流行歌曲这样的一些资料。其实，解释恐怕是将来图像研究中最需要加强和改变的地方，当你能够在图像之外的历史文献中找到一些资料来映证、配合和解说图像时，图像才能不再沉默，才有可能从图像变成文献。这就是我今天要和大家讨论的最重要的问题。

第八篇

明代中国有多少世界知识？

——从15—17世纪的三幅古地图说起

这是2015年于日本天理大学所作的演讲，有一个日文译本以《明代中国の世界认识》（朱鹏译）为题，发表在天理大学出版的《中国文化研究》第32号（2016年3月）上。2018年4月，内容又加以修订，曾在香港中文大学"饶宗颐访问学人讲座"中演讲。

今天我要讨论的，是蒙元时代之后，疆域基本收缩在十五省，即传统汉族为主的区域的明代中国，究竟有多少关于外部世界的知识？

也许，在一般历史读者心目中，在那个横跨欧亚的蒙古帝国在东亚溃败之后，中国新建立的明王朝是一个相对比较封闭和狭窄的时代。在汉族王朝统治中国的15、16、17世纪，虽然前半也有郑和七下西洋的创举，后半更有西洋传教士渡海东来的刺激，但总的来说，"帝国"似乎变窄了，嘉峪关之外"皆非吾土"，"天下"也似乎变小了，朝贡国外皆无足轻重。从思想史角度说，中国的世界图像好像又缩回到十五省。对于一个足以笼罩东亚的、自给自足的大明帝国，似乎"世界"大不大，"外面"怎么样，并没有什么太大的影响。可是，偏偏在这个时代，欧洲进入了"大航海时代"，开启了早期全球化的历史过程；蒙古时代连成一片的"世界"在欧洲已经成为必要的知识，战争、贸易，加上宗教，使这些有关世界的知识更加重要，推动着他们对世界的了解，也让他们觉得自己掌握了世界。那么，这个时代的中国，真的对中国之外的世界那么陌生和冷漠吗？

恐怕也不是的。因为古地图常常可以表现古人对于"世界"的知识和理解。所以，下面我就用三幅15—17世纪（大体相当于明代）绘制的"世界地图"，来讨论这个问题。

一、先看看宋代（960—1279）
有关"世界"的古地图

在古代中国，有关世界或者天下的地图，或者叫作"舆地图"，或者叫"禹迹图"，或者叫作"华夷图"。在宋代（960—1279），也就是10世纪中叶之前，虽然中国也有类似贾耽《海内华夷图》那样"舟车所通，览之咸在目"的地图，表现了从"梯山献琛之路，乘舶来朝之人"和"阛阓之行贾，戎貊之遗老"那里打听各种世界知识，但可惜的是它并没留存下来。

我们现在能看到最早的这类古地图，都是10世纪中叶之后留下来的，比如宋代的《舆地图》《地理图》《华夷图》等，像现藏西安碑林的《禹迹图》，刻在石碑上，碑记有"阜昌七年四月刻石"，阜昌是北宋灭亡后女真人扶持的刘豫的年号，就是1136年，相当于南宋绍兴六年。我们可以看到，这些宋人所绘的地图与其说是包括华夷的世界图，毋宁说是华夏帝国疆域图的放大版，因为它大体上是以传统汉族中国王朝控制的疆域为中心，可是应当更广袤的周边世界，却被画得很小。这也许可以反映那个时代的中国人有关外部世界的知识还不多，对于中国之外的地理关心也不多，对于"外国"的理解和重视也并不多，尽管宋代因为"背海立国"，在东南方向对海外知识有所增长，出现了类似《诸蕃志》这样的作品。

但是应当说，古代中国原本并不是没有对外部世界的知识。《史记·大宛列传》表明，张骞通西域以后，汉代的中国人对于西部世界（可以说是中亚、西亚）了解已经很多。到了汉代以后，中国人有关世界的知识更加扩张，1898年贵国（日本）有名的学者桑原骘藏就曾经写过一篇论文，叫《佛教的东渐和历史地理学上佛教徒的功绩》，讨论佛教传到中国来，对于中国了解世界的历史地理知识领域，有很大的开拓。1936年，中国学者贺昌群发表《汉代以后中国人对于世界地理知识之演进》，也指出在佛教来到中国之前，从西汉到东汉，中国对于玉门、阳关以西的世界，就已经有很丰富的知识。他说，当时在西面了解了大秦（罗马帝国），而北面足迹到了贝加尔湖，东面则与日本有了很多来往。不过，从思想史和知识史两方面看，虽然当时人们已经有很多中国以外的地理知识，但是，这些新的"世界知识"并没有改变旧的"天下观念"，中国传统的世界认识仍然是以自我为中心，想象四夷的方式就像宋代地图一样，中国很大，在中央，外国很小，分布在中国周边。

虽然在13世纪以后百余年，即蒙元时代，蒙古人建立的横跨欧亚的世界大帝国，把各种各样的民族、文化和知识都纳入这个大帝国，带来了很多关于欧洲和亚洲的新知识。可是，蒙元时代不过仅仅一个来世纪。1368年明王朝建立，疆域、族群、文化又回到了和宋代差不多的状况，即人口以汉族为主，疆域以十三行省为主，文化以儒家为主，基本上是一个传统的汉族帝国。正如明朝人王士性说的，"本朝北弃千里之东胜，南弃二千里之交趾，东北弃五百里之朵颜三卫，西北弃嘉峪以西二千里之哈密"，在一退再退之后只能承认"嘉峪关外，即非我有"。明代在张掖设甘州，在武威设凉州，在湟中设西宁卫，实际上划定了西部边疆。弘治年间吐鲁番崛起，西部更是收缩，台北故宫博物院藏《甘肃镇战守图略》就说，"肃州卫（今甘肃兰州），古酒泉郡也，乃中国绝域重地"。现在中国版图中的新疆、西藏、内蒙古以及东北，很大一部分都不在明帝国之内，就连汉代开辟的河西四郡（酒泉、张掖、武威、敦煌）也保不全，今天著名的敦煌当时已经成为外国所有。明王朝虽然和西域诸国还有往来，但通过陆路与西部中亚、西亚及更远的世界政治往来和交通贸易也较少，当然，这也是因为海上交通发达了，运输成本越来越低，安全性也比陆地更好。

所以，一般的历史著作会认为，明代中国除了永乐一朝向外开拓,有陈诚通西域、郑和下西洋之外,此后不再有汉代、唐代那样的天下帝国胸怀。明王朝不很开放、自我封闭,于是,中国从蒙元时代的世界大帝国,又回到了汉族为主、汉文化为主的王朝。平行地看中国之外的历史,如果拿明代的中国和大航海时代的欧洲比较,中国的世界知识相对贫乏,面向世界的胸怀相对狭小,因此渐渐落后。正是从这个时代,开始了中国和世界历史的"大分流"。

真的是这样吗?明代中国的世界知识比欧洲会少很多吗?先不要下结论,请看一下三幅分别绘制在15、16、17世纪的地图。

二、20世纪初的发现:日本京都所藏
《混一疆理历代国都之图》(15世纪初)

在贵国京都的龙谷大学,藏有一幅《混一疆理历代国都之图》。根据德川时代的一个日本著名学者深见玄岱(1649—1722)的记载,大体可以判断这幅地图18世纪的时候藏于京都的本愿寺,是16世纪90年代丰臣秀吉侵略朝鲜时从朝鲜攫取而来的。深见玄岱是一个和尚,说他去京都时曾看到过这幅地图。深见玄岱原是华人,他的祖父原来居住在福建,后渡海至萨摩,就是现在的鹿儿岛,后来往返中日之间。他的父亲在宽永六年(1629)27岁时到

《混一疆理历代国都之图》

长崎定居，深见玄岱即生于长崎。

这幅绘制时间相当于明建文帝四年（1402），也就是朝鲜太宗二年画于丝织物上的地图，长150厘米、宽163厘米。据地图上权近（阳村先生）的题跋，这幅《混一疆理历代国都之图》是1402年朝鲜人金士衡（曾为左政丞，上洛人，字平甫）、李茂（右政丞，丹阳人，字敦夫）根据来自中国的地图重新绘制的，并有权近所撰之跋文。由于是朝鲜人重新绘制的，所以，这幅地图里面朝鲜很大。

但是，这幅地图的世界知识却来自蒙元时代的中国，很多学者指出它依据绘制的底本，乃是蒙元时代两个中国人的作品，即李泽民《声教广被图》和僧清濬《混一疆理图》，只是因为"辽水以东及本国疆域，泽民之图，亦多阙略"，所以，才由朝鲜官方重新绘制。因此也可以说，这幅地图表现的是蒙元时代（1271—1368）中国有关世界的知识。

现在这幅地图有日本学者小川琢治的摹本。小川是一个有名的历史地理学家，他的名字可能中国人不熟悉，可是他的几个儿子，诺贝尔物理学奖获得者汤川秀树、著名中国文学研究者小川环树、东洋史大学者贝冢茂树，就很有名了。因为这幅地图原本藏在佛教大学里，不能轻易看到，所以他的这个摹本，就非常有用。我们看，除了右边庞大的朝鲜之外，特别请大家注意的是，这幅地图的左边相当奇特，左边即西部的大部分地区，描绘的是今天中亚、西亚、非洲和欧洲部分。根据一些学者，特别是掌握第一手资料的日本学者的研究，地图上标识的很多地名，都说明当时中国人对这些地区，已经有很清楚的认识，尤其是西亚、阿拉伯半岛、非洲北部包括尼罗河，是出乎意料地准确和可靠。在地图上可以辨别流入波斯湾的两河（幼发拉底河与底格里斯河），也可以看到河岸上一个叫作"六合打"，实际上可能是"八合打"，也就是如今伊拉克首都巴格达的城市；日本学者杉山正明就说，这里还可以看到罗马（Roma，图上作"麻鲁"，应当是"鲁麻")、塔兰托（Taranto，图上作"它里秃"，意大利南部城市普利亚）、巴黎（Paris，图上作"法里昔"）和格拉纳达（Granada，图上作"粤郎宅"，应当是"粤那它"，西班牙南部城市）等欧洲地名。

可是从知识史上说，这幅1402年的古地图给我们带来很多有趣的疑问。首先一个疑问就是，1488年，葡萄牙人迪亚士（Bartolomeu Dias，约1450—1500）才绕过好望角（Cape of Good Hope）。1497年，达伽马（Gama Vasco，da，约1460—1524）才绕过好望角到达印度。按照学术界通常的说法，在1508年版托勒密的《地理学》（*Clandius Ptolemy's Geography*）之前，欧洲人似乎并没有完整的非洲知识和非洲地图。有意思的是，这个时候中国的郑和也还没有下西洋。那么，要提出的问题就是，在郑和下西洋（1405—1433）之前，当然也是在迪亚士之前，什么人会有这样的地理知识，中国人怎么知道从未有过记录的好望角，并绘出了非洲大陆的倒锥形状？是谁那么详细地标志出了东起日本，经朝鲜、中国、中亚和西亚，一直到阿拉伯半岛及北非、南欧的各个地名？换句话说，值得追问的问题就是：在欧洲人之前，亚洲人怎么会先知道有关非洲的地理知识？为什么在蒙元时代能够画出这样的亚非欧洲地图？

可能的解释之一，就是这应当是波斯人或阿拉伯人，在蒙古时代给东亚带来的礼物，是由于波斯、阿拉伯的天文地理知识，在蒙古时代已经传入了中国。

我们读元代的文献就可以注意到，在元代有三个很重要的波斯/阿拉伯人值得注意，即阿老瓦丁（Ala-ud-Din）、亦思马因（Ismail）和扎马鲁丁（Jamal-ud-Din）。那个时候的中国史书上把他们叫"回回人"，他们带来了很多天文地理的知识和仪器。其中，最重要的一个是波斯人扎马鲁丁。《元史》中说，扎马鲁丁（又写作札马剌丁）不仅在元世祖至元四年（1267）进献了万年历，而且还给皇帝制造了各种各样的"西域仪象"，其中一个仪器，汉文记载为"苦来亦阿儿子"，就是一个相当现代的地球仪。《元史》卷四十八《天文一》说："其制以木为圆球，七分为水，其色绿，三分为土地，其色白，画江河湖海，脉络贯串于其中，画作小方井，以计幅圆之广袤，道里之远近"。你看不就是一个有经纬线，有陆地和海洋的地球仪吗？此外，重要的是，扎马鲁丁在至元二十三年（1286）还主持了《元大一统志》的编纂。作为秘书监的官员，《秘书监志》记载他曾经向皇帝报告：我们的帝国，是从太阳升起的地方，到太阳落山的地方。所以，我们不仅要编帝国的历史地理书，而且要绘制一个有关蒙元帝国的总地图，何况我们已经有了回回人的地图，所以，可以画一幅总的世界地图。

这一有关世界的地理知识，从蒙元一直留存到明代。在中国也发现了这个时代（15世纪）的世界地图，比如

《大明混一图》

北京发现的《大明混一图》。这幅地图的摹本在2002年还拿到南非国民议会"千年项目地图展"中展出过，因为这幅地图画了整个非洲，所以曾经引起轰动，当时甚至认为这是打破欧洲殖民者发现非洲神话的证据。这幅地图与前一幅地图相同，也都标志出了中国之外的西亚、阿拉伯半岛和倒锥形的非洲，那么，这些知识究竟从哪里来的？我们猜想，恐怕也是来自波斯、阿拉伯。明代初期，朱元璋曾经因为蒙元"借高昌之书，为蒙古字，以通天下之言"，留下了很多异域资料，曾经让翰林院侍讲火原洁和编修马沙亦黑，主持编类《华夷译语》，让回回人海答尔主持翻译蒙元留下来的各种资料，因此，蒙元时代的世界知识也一定通过这样的翻译流传下来。

可是，这两幅地图并不是偶然的发现。我们看最近这些年，尤其在日本，有关世界的中国古地图一再被发现，如（1）1988年，日本旧岛原藩松平氏的菩提寺，即岛原市的本光寺，又发现了一幅同样的《混一疆理历代国都之图》，长220厘米，宽280厘米，比龙谷本还要大。（2）日本东京的宫内省书陵部、九州熊本的本妙寺、天理的天理大学附属图书馆、京都的妙心寺麟祥院，都发现了好几幅同样左有非洲、阿拉伯半岛，右有巨大的朝鲜和日本的古地图，这些地图的制作时间，大体上在中国的明代中后期。有的是《混一疆理历代国都之图》的摹本，有些是根据嘉靖五年（1526）的一幅《大明国图》改绘的。

韩国人对这幅虽然最初不是朝鲜知识，又不存在其本国的地图相当自豪，把它当作自己的国宝。我记得，2004年发行《韩国古地图》邮票四枚，其中之一就是这幅《混一疆理历代国都之图》。这当然是题外话。总之，这说明，蒙元时代回回人的世界知识，由于在明代一直流传下来，使得收缩了的明代中国也拥有了很多关于西亚、阿拉伯半岛、非洲和欧洲的知识，汉族区域的明代中国对于外部世界并不完全陌生。

三、21世纪初的发现：
《蒙古山水地图》（16世纪前半）

2002年，中国的一个商人从贵国（日本）著名的藤井友邻馆（The Museum of Fujii Yurinkan），买回20世纪30年代就流失的一幅《蒙古山水地图》。这幅地图非常长，它的尺寸约为3012cm×59cm。流入日本之前，由于商人在图端题写了"蒙古山水地图"这样的名字，便引起后来种种争议。

2018年2月，因为这幅地图在中央电视台的春节联欢晚会上，作为"国宝回家"的节目出现，并且改了名字叫《丝路山水地图》，因而引起了相当大的轰动，也激起了一连串的争议。有人认为，这幅地图不可能是明代绘制的，而是清代绘制的；有人认为，它就是于敏中编《国朝宫史正续编》中记载的，清朝宫廷里面曾经收藏过的《嘉峪关至回部拔达克山城天方西海戎地面等处图》；特别是有人认为，它不应当叫作"丝路"，因为"丝路"一词是李希霍芬之后才有的，这是为了顺应"一带一路"倡议而改名的。这些争议都可以讨论，不过我仍然觉得，傅熹年和林梅村的说法大体可以参考，这幅地图即使不是明代人所绘，但它呈现的倒确实是明代中叶的世界地理知识。据北京大学林梅村教授《蒙古山水地图》一书的研究，这幅地图约在明代嘉靖年间（约1524—1531）制成，因为它反映的地理知识与同时代文献大体相合，可以互相参证比较，它是当时的文人用中国山水画的形式绘就的，记录了从明代中国最西端的嘉峪关到遥远的天方（即伊斯兰圣城麦加，Mecca/Mekkah）的路途，沿路共有211个地名。

让我们来粗略地看看这幅图。《蒙古山水地图》所绘东西交通路线，横亘整个亚洲大陆。从嘉峪关（中国甘肃，也是长城的最西边）起，是因为明代实际控制的西部边界只到嘉峪关；再向西边走［经过骟马城、赤斤城、阿丹城（又名破城子）］，就会到达现在的敦煌（沙州）；从敦煌往西，经过现在新疆的吐鲁番、塔里木（喀什），然后到俄失（就是汉代的"贰师"，Osh，今吉尔吉斯斯坦的奥什

《蒙古山水地图》所涉及的地理范围　出自林梅村《蒙古山水地图》（文物出版社，2011年）

《蒙古山水地图》（局部—嘉峪关）

《蒙古山水地图》（局部—天方国）

市）和撒马尔罕（Samarkand，今乌兹别克斯坦撒马尔干）。从撒马尔罕，经过卜哈喇（Buhara，今乌兹别克斯坦的布哈拉市）、海撒尔〔伊朗语Hissar，在中亚阿姆河北岸，塔吉克斯坦首都杜尚别（Dushanbe）附近〕，到达著名的黑楼城（伊朗语Heart，阿富汗西北边境赫拉特，距离喀布尔600公里），《明史·西域传》所谓"哈烈"就是这里。然后，从黑楼城到失剌思（设拉子，伊朗法尔斯省的省会，旧址在伊斯塔卡尔，即Istakhar，与古波斯王宫遗址隔河相望），这也是古代波斯著名的马市。然后，经过台白列思（即讨来思，波斯语Tebriz，在《新唐书》中作"陀拔斯单"，今伊朗西北边境的"大不里士"，16世纪的时候是丝绸贸易中心），最后到达天方（麦加）。

据林梅村研究，这幅地图的终点站，还应当是鲁迷（Istanbul，今土耳其的伊斯坦布尔）。据说，从天方到鲁迷的这一部分现在丢失了。这种说法的根据是什么？也许是从台北故宫藏嘉靖年间的《甘肃镇战守图略》和现存万历年间的《陕西四镇图说》所载的《西域图略》最西部，都有"鲁迷城"来猜测的，但是，我对此始终有些怀疑。

这一地图，表现了明代中叶有关亚洲西部的地理知识，那么，这是不是根据东方伊斯兰教徒朝圣之路绘制的呢？明代除了有人出使西域外，也有不少人朝拜麦加。特别值得一提的就是下西洋的三宝太监郑和的父亲，20世纪上半叶在云南昆明出土了墓志《故马公墓志铭》，说明他原名"马哈只"。按照穆斯林的规矩,只有朝拜过麦加圣城的人,才可以称为"哈只"(Hajji)。可见,元代不少伊斯兰教徒去过麦加。无论如何,这些关于世界的知识,比起同样是汉族中国人建立的宋朝,已经有很大变化了。它说明至少在明代,人们仍然接受了从扎马鲁丁到郑和、陈诚的知识,对横贯亚洲的广袤世界,有了相当清楚的认识。

然而,这幅地图的世界知识并不是孤立的,在明代其他文献中同样有这些知识。其中,最为人所熟知的就是前面提到的,明代嘉靖年间的纸本彩绘长卷《甘肃镇战守图略》及《西域土地人物图》。这一由日本学者堀直教授在《关于中亚及西亚的一份明代史料》中率先揭出的史料,对明代边疆防御诸镇,以及边关之外的西部世界,不仅做了文字介绍,而且和《蒙古山水地图》一样,绘制了从嘉峪关经天方(麦加)甚至到鲁迷(伊斯坦布尔)的沿途地理风物。这一长卷现在就收藏在台北故宫博物院。而另一个几乎相同的《西域土地人物图》,则收录在明代嘉靖年间赵廷瑞修、马理补纂的《陕西通志》中,《陕西通志》里不仅有图,同时也附有文字部分,即《西域土地人物略》。稍后这一文字与图卷又被收入万历年间金中士等编纂的《陕西四镇图说》,题作《西域图略》。

显然,现在看到的这一幅《蒙古山水地图》长卷,可以反映16世纪,即明代中叶中国人的西部世界知识。

四、商人下南洋：
塞尔登地图中的南方海域知识（17世纪初）

如果说波斯人、阿拉伯人带给中国的，是陆地上欧亚之间的地理知识。那么，自从郑和下西洋之后，明朝中国对于南方海域，也逐渐有了比宋代仅仅依赖市舶司外洋商贾耳闻的更多知识。

其中，收藏在英国的塞尔登地图（Selden Map，又名《东西洋航海图》），最近非常受人关注。加拿大英属哥伦比亚大学的卜正民（Timothy Brook）教授近年出版《塞尔登先生的中国地图——香料贸易、佚失的海图与南中国海》，用全球史的方法，对这幅刚刚被发现的古地图进行了精彩的研究。

这幅地图160厘米长，96厘米宽，据说原来是挂轴。按照卜正民的研究，它大概绘制于1608年，由一个中国到东南亚〔据说在今印度尼西亚爪哇的万丹（Banten）〕经商的商人绘制，几年以后，被一个在万丹担任商馆馆长的英国军官约翰·萨里斯（John Saris）得到。17世纪中叶，英国最著名的东方学者约翰·塞尔登（John Selden）从他手里买到这幅地图。1654年塞尔登去世后，地图被捐赠给牛津的博德利图书馆（Bodleian Library）。但直到2008年，它才重新被发现，现在这是世界上独一无二的一幅地图。

顺便说一句，虽然这幅地图的绘制比利玛窦世界地图《山海舆地图》（后来的《坤舆万国全图》）要晚十几二十年，但是，显然它并没有受到西洋世界地图的影响，这一地图的地理知识，主要来自中国沿海的商人。

那么，这幅地图有什么特点？我以为有三点：

第一，这一地图上面大半当然是中国，右上角是不太准确的日本和朝鲜，右边是琉球，往下依次是台湾和澎湖、吕宋（菲律宾）、加里曼丹（包括文莱、马来西亚与印度尼西亚分别管理的地区），中国的正南面则是越南、柬埔寨、马来半岛、菲律宾、印度尼西亚，中国的左下方是印度等等。它最大的特点，是不像过去的地图（如宋代的《舆地图》，以及明初的《疆理国都之图》《混一图》、明代中叶的《广舆图》）那样，以中国为中心，凸显中国疆域而把四周压缩得很小，而是以南海为中心，大体准确地描绘了中国周边的地区，涵盖了整个东亚、东南亚、南亚广大地域。

第二，以中国为中心，凸显王朝疆域而忽略周边的地图，其绘制的观念背景很大程度受到王朝政治的影响，而以南海为中心，描绘环绕东海、南海的各个区域，则主要是考虑经济，即贸易路线。因此可以相信，塞尔登地图的地理知识，主要来自航海贸易的商人，所以，它标识的地形、距离、路程、地名等等，都显示出它与当时往来南洋海域的中国商船和商人有关。这些世界知识，一方面来自

《塞尔登地图》

传统的"海道针经"（比如《顺风相送》等），一方面来自现实的航海经验。尤其是这一地图中所标识出的六条从中国（主要是泉州）出发的航线，包括：（1）泉州到日本九州外海的五岛列岛；（2）经过琉球到日本的兵库；（3）泉州到王城（马尼拉）；（4）泉州到今印尼；（5）沿着越南海岸线绕道向西北到今泰国曼谷南部；（6）绕过马六甲海峡，沿着马来半岛与苏门答腊岛之间，向西到印度古里。此外，这份地图还说明了航海的方向、远近、位置。它以天干地支来标志路程的方向（与华人航海的罗盘相应），超出地图之外的阿拉伯世界和非洲，它在左方的一个方框里，标志了海上航行的距离（比如从"古里"，即今印度喀拉拉邦，到"阿丹国"，即今亚丁）。

第三，由于这是中国商人的作品，当然，记载中国格外详细（大明国部分有很多地名标记），但是，也由于是商人的作品，所以，对于有商业贸易联系的区域，也都有不少记载。例如有关日本，则有"兵库"（神户）、"亚里马王"（有马）、"殺（穀）身湾子"（鹿儿岛）、"杀子马"（萨摩）和"笼仔沙机"（长崎）；在东南亚方面，则有放沙（今缅甸中部）、暹罗（泰国）、柬埔寨；对沿海岸线记载相对详细，比如安南，就记载了从东京（河内）到占城（今越南中南部藩朗一带）沿海各个城市；此外，东南亚如六坤（今泰国那空是贪玛呐，Nakhon Si Srithamarat）、菲律宾吕宋岛北部的大港（阿帕里，Aparri）、南部的吕宋王城（即马尼拉，Manila）、加里曼丹岛上的文莱（Brunei）、苏门答腊岛上的占卑（今印度尼西亚苏门答腊岛东南之Jambi）、旧港（即三佛齐，印尼苏门答腊岛东南之巨港Palembang），甚至包括"池汶"，即帝汶（Timor）。

在这一点上，其实，不妨参看同样来自闽南沿海的张燮的《东西洋考》，看看他对于现在的越南、柬埔寨、泰国、马来西亚、印度尼西亚、文莱、菲律宾这一环绕南海区域的叙述，就可以清楚地知道，17世纪初，也就是明代万历年间的中国商人，对于那一片世界已经相当地了解。

结语：值得思考的三个问题

我们其实可以把明代看作"后蒙古时代"。笼罩欧亚的蒙元帝国，由于版图的扩大、族群的融入，各种有关中国之外的世界知识越来越多。到了明代，虽然中国重新成为一个汉族为主的国家，疆域也缩小到传统中国的十五省，但是，毕竟前朝留下的知识仍然被保存下来。前面说到，洪武年间明太祖朱元璋曾组织回回人翻译前朝留下来的各种图书文献，朱元璋之后的永乐朝，也对各种外部世界的语言、文化和知识相当重视，不仅派遣郑和下西洋，而且设置了"四夷馆"。这说明明代中国与世界之间，不仅有"外交"／"朝贡"的需要，而且在文化／知识交流上，也有迫切的需要。所以永乐年间对语言沟通和翻译问题很重视，永乐皇帝曾说"诸番字，中国宜解其义"，因而要"选太学生聪明者习之"。四夷馆最初只负责鞑靼、女直、西番、西天、回回、百夷、高昌、缅甸。正德六年又增设八百馆，万历七年再增设暹罗馆，一共十个馆，这说明明代中国人认知的"世界"，在利玛窦传来新的世界知识之前，也还是很广大的，而且注意力开始从西北转向东南。

前面讲的三幅古地图，绘制的动机和知识的背景，或许各有差异。15世纪的第一幅，它的知识可能与战争、与国家相关。蒙古帝国的扩张，使得庞大帝国中有很多来自西亚的回回人，他们带来了异域有关世界的知识；16世纪的第二幅可能与宗教相关，这条通向圣城麦加（天方）的道路，或许是朝圣信徒的行走途径；17世纪的第三幅则肯定与贸易有关，也许以南海为中心绘制地图，主要就是因为商人经由马六甲海峡入印度洋的航海贸易。

众所周知，战争、宗教、贸易（此外，也许还有移民、通婚等等），确实是把世界连在一起的要素，也是促进有关世界的知识日益增加的原因。但作为一个思想史研究者，我想问的重要问题是，这种知识史的变化，究竟是否会带来思想史的变化，即改变人们心目中的世界观念？依我看，知识史和思想史常常并不是平行并进的，有了关于世界的"知识"，未必可以改变关于天下的"观念"。通过观看这三幅地图，我的感想是：

第一，13—14世纪，在欧洲人还没有到达东亚之前，这一有关世界（特别是中亚、西亚、非洲、欧洲和东南亚）

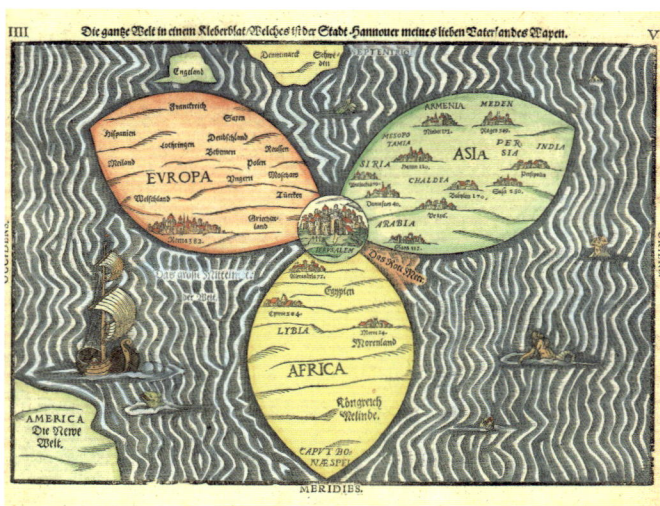

TO形地图　《宾廷三叶草世界地图》　1581年

的知识是从哪里传来中国的？或者说怎样被发现的？——
我想说的是，古代各个区域之间，知识交流的广泛与密
切，可能比我们想象的要广泛和深入。

　　第二，这么多外面的、实际的、丰富的世界地理知
识，为什么不能改变传统中国以自我为中心想象"天下"
的观念？——我是研究思想史的，我关心的是，观念改变
与知识进步之间，为什么有这么大的差异？

　　第三，近代以来，很多人都指出，中国世界观的封闭
和保守，导致了自大，也导致了失败。但欧洲原来也是这
样"以自我为中心想象世界"的，以耶路撒冷为中心的TO

形世界地图，同样表现了这种观念，因此，有关世界知识的保守传统是必然的"中国特色"吗？——这里，我想讨论的是，东西方古地图中表现的"世界观"有什么相同，有什么不同。